智能审计：
大数据与 AI 驱动的审计变革

顾正娣　著

图书在版编目(CIP)数据

智能审计 : 大数据与 AI 驱动的审计变革 / 顾正娣著. 哈尔滨 : 黑龙江科学技术出版社, 2024. 10. -- ISBN 978-7-5719-2648-9

Ⅰ. F239.0-39

中国国家版本馆 CIP 数据核字第 2024LS5530 号

智能审计:大数据与 AI 驱动的审计变革

ZHINENG SHENJI:DASHUJU YU AI QUDONG DE SHENJI BIANGE

顾正娣　著

责任编辑　杨广斌
封面设计　小　溪
出　　版　黑龙江科学技术出版社
地址:哈尔滨市南岗区公安街 70-2 号　邮编:150007
电话:(0451)53642106　传真:(0451)53642143
网址:www.lkcbs.cn
发　　行　全国新华书店
印　　刷　哈尔滨午阳印刷有限公司
开　　本　787 mm×1092 mm　1/16
印　　张　10.5
字　　数　148 千字
版　　次　2024 年 10 月第 1 版
印　　次　2024 年 10 月第 1 次印刷
书　　号　ISBN 978-7-5719-2648-9
定　　价　58.00 元

前　言

在21世纪的数字浪潮中，信息技术的飞速发展正以前所未有的力量重塑着各行各业的面貌，审计领域亦不例外。面对日益复杂、海量的经济交易数据，传统审计的效率与深度逐渐显现出局限性。而今，随着大数据技术的兴起与人工智能（AI）技术的日益成熟，一场由技术驱动的审计变革正悄然兴起，引领着审计行业迈向一个全新的智能时代。

大数据与AI的融合，正逐步构建起一个全新的智能审计生态。在这个生态中，审计不再仅仅是事后的检查与验证，而是贯穿于企业运营全过程的持续监控与评估。同时，智能审计还促进了审计与其他管理职能的深度融合，共同提升企业治理水平。

本书以审计的基础知识为主线，对大数据技术在审计中的应用、AI技术在审计中的创新应用进行阐述，分析了智能审计系统的构建，对智能审计的应用实践进行了深入的研究。希望通过本书的介绍，能够为读者在大数据与AI驱动的审计变革方面提供帮助。

在写作过程中，笔者参阅了相关文献资料，在此，谨向其作者深表谢忱。

由于水平有限，疏漏和缺点在所难免，希望得到广大读者的批评指正，并衷心希望同行不吝赐教。

顾正娣

2024年9月

目　录

第一章　审计的基础知识

第一节　审计概述

一、审计的定义与性质

(一)审计的定义

审计是对特定主体的经济活动或者其他事项进行独立、客观的监督、评价和鉴证的一种经济管理活动。它通过运用特定的审计程序和方法，收集、评价相关证据，以确定被审计对象信息的真实性、合法性和效益性，并就此发表审计意见，以满足委托人或其他利害关系人的需求。从本质上讲，审计是一种独立的、专业的社会经济监督活动，其根本目的是维护财经秩序，促进经济健康发展。

审计具有以下几个显著特点：一是目的性。审计活动都有明确的目的，即通过审计监督，提高被审计对象会计信息和其他相关信息的可靠性，改善其内部控制，提高经营管理水平。二是规范性。审计必须遵循一定的准则、规范和程序，遵循审计独立性、客观性和正当程序等基本原则。三是综合性。现代审计已不再局限于对财务收支的查证，而是从财务审计拓展到了业绩审计和风险审计，审计内容涵盖单位的财务管理、经营决策、风险控制等方方面面。

(二)审计的性质

从本质上说,审计是一种独立的、客观的鉴证行为。审计人员通过收集和评价审计证据,对被审计单位的财务报表或其他经济信息的真实性、合法性、公允性做出专业判断,并出具审计报告。这一过程必须建立在独立、客观的基础之上,摒弃主观偏见和外界干扰,以事实为依据,以专业准则为准绳,确保审计工作的公正性和权威性。

从功能上说,审计具有监督、评价和服务的多重属性。一方面,审计通过事前预防、事中控制、事后揭露等方式,对经济活动进行独立监督,有助于提高经济信息质量,规避经营风险,维护投资者利益。另一方面,审计运用专业方法评价被审计单位的内部控制、风险管理等状况,为完善治理提供建议,具有改善管理、提升绩效的积极作用。与此同时,审计还可以通过专项审计、绩效审计等方式,为相关利益主体提供有针对性的管理咨询和决策支持服务,彰显了其服务功能。

从对象上说,审计涵盖了财务审计、内部审计、绩效审计、合规审计等多种类型。在现代经济社会中,审计已不再局限于传统的财务报表审计,而是扩展到了组织运营的方方面面。内部审计监督评价内部控制,防范经营风险;绩效审计关注资源配置效率,助力增值创效;合规审计检查法律法规、规章制度的执行情况,强化依法合规经营。多元化的审计业务能够从不同视角反映被审计单位的真实状况,促进其持续健康发展。

从主体上说,审计呈现出专业化、职业化的鲜明特征。随着审计领域的不断拓展,审计专业性要求日益提升。现代审计工作需要掌握会计、财务、税收、法律、计算机等多领域知识,熟悉被审计单位业务流程,具备敏锐洞察力和缜密逻辑思维能力。同时,审计要求从业人员恪守独立、客观、正直、保密等职业道德准则,接受必要的执业资质管理和行为监督,以良好的职业操守和专业胜任能力赢得公众信赖。

从外部环境看，审计与社会经济环境的变迁息息相关。一方面，审计工作必须与时俱进，顺应经济全球化、信息化和大数据时代的发展趋势，创新理念方法，拓宽服务领域。另一方面，市场主体和公众对审计的客观公正性、审计信息的相关性与及时性提出了更高期望，这就要求审计人员加强履职尽责，提升审计质量，回应社会关切。可以说，审计既深刻影响着经济社会发展，又受到外部环境的制约和塑造。

二、审计的目标

(一)财务审计目标

财务审计目标关注的是企业财务报表的真实性、合法性和公允性，旨在保证企业财务信息的可靠性，维护投资者、债权人等利益相关方的合法权益。深入分析财务审计目标的内涵和意义，对于提升审计工作质量，促进企业健康发展具有重要价值。

从微观层面来看，财务审计目标要求审计人员严格按照审计准则和相关规定，对被审计单位的财务报表进行系统、全面的检查和评价。这一过程不仅涉及会计凭证、会计账簿等财务资料的核对，更需要审计人员运用专业知识和职业判断，甄别可能存在的舞弊行为，揭示财务报告中的重大错报。只有确保财务报表的各项信息真实、准确、完整，才能真实反映企业的财务状况、经营成果和现金流量，为利益相关方的决策提供可靠依据。

从宏观层面来看，财务审计目标的实现有助于优化资源配置，促进社会经济的健康发展。一方面，高质量的财务审计可以增强投资者信心，吸引更多社会资本投入实体经济，推动企业做优做强；另一方面，审计监督也是遏制经济犯罪、维护市场秩序的重要手段。通过识别、揭露企业财务造假等违法违规行为,财务审计在一定程度上起到了威慑作用,营造了公平诚信的营商环境。

(二)运营审计目标

运营审计的目标是通过对企业各项运营活动的全面审查和评价,揭示潜在的风险隐患,促进管理提升,助力企业实现可持续发展。与传统的财务审计相比,运营审计更加注重企业运营过程的经济性、效率性和效果性,其目标具有更加宏观和战略的视角。

1.评估企业运营管理的有效性

通过深入分析企业的组织架构、业务流程、内部控制等方面,运营审计能够发现管理中存在的问题和不足,如权责不清、流程冗余、控制缺失等,并提出针对性的改进建议。这不仅有助于堵塞管理漏洞,防范运营风险,更能够优化资源配置,提高运营效率,为企业创造更大价值。

2.维护企业战略目标实现

在审计过程中,审计人员需要深入了解企业的发展战略和经营目标,评估各项运营活动是否符合战略导向,是否有效支撑企业目标的达成。一旦发现偏离战略轨道的迹象,审计人员要及时预警,督促管理层采取必要的纠偏措施,确保企业始终沿着既定的战略方向稳步前行。

3.促进企业持续改进和自我完善

审计不应仅仅局限于发现问题,更要注重改进成果的跟踪和评价。通过持续的运营审计,能够形成“审计—整改—再审计—再整改”的良性循环,推动企业不断优化管理,改进绩效,焕发出蓬勃的生机和活力。长此以往,企业的管理成熟度、运营质量必将得到全面提升。

4. 强化企业风险意识、培育风险管理文化

当前，企业面临的内外部环境日趋复杂，风险无处不在。运营审计通过系统梳理和评估各领域的风险因素，揭示风险事件的成因，引导管理层树立全面风险管理理念，完善风险防控体系。在审计的推动下，企业上下将形成风险共识，自觉将风险管理融入日常运营之中。

（三）合规审计目标

合规审计目标是企业内部控制的“守护神”，它通过严格的监督和评估机制，确保企业的各项经营活动符合法律法规和内部政策的要求。在当前复杂多变的经济环境下，合规审计的重要性日益凸显。它不仅是企业风险管理的重要手段，更是企业可持续发展的内在要求。

从法律层面来看，合规审计有助于企业避免法律风险，维护自身合法权益。随着我国法治建设的不断推进，企业面临的法律环境日趋复杂。各行业的法律法规不断完善，监管力度持续加大。在此背景下，企业必须时刻保持警惕，确保自身行为符合法律规定。而合规审计正是实现这一目标的有效途径。通过系统梳理企业适用的法律法规，识别潜在的合规风险，并提出针对性的整改措施，合规审计能够帮助企业构建起完善的合规管理体系，有效规避法律风险。

从内控层面来看，合规审计是完善企业内部控制的重要抓手。内部控制是企业健康运行的基石，它涉及企业运营的方方面面，包括财务管理、人力资源管理、采购管理、销售管理等。而合规审计则是内部控制有效性的重要保障。通过评估内控制度设计的合理性和执行的有效性，合规审计能够及时发现内控缺陷，推动内控优化。同时，合规审计还能够加强员工的合规意识，营造良好的内控环境。在合规审计的“倒逼”下，企业内控水平必将不断提升。

从风险管理层面来看,合规审计是企业全面风险管理的重要组成部分。在市场竞争日益激烈的今天,企业面临着方方面面的风险挑战。这些风险不仅来自外部环境的不确定性,更来自企业内部管理的疏漏。而合规审计则是识别、评估和应对这些风险的利器。通过深入分析企业经营活动,合规审计能够准确把握企业面临的合规风险,并提出有效的风险应对策略。这不仅能够降低企业运营风险,更能提高风险管理的前瞻性和主动性。

三、审计的基本功能

(一)监督功能

审计监督是审计工作的重要职能之一,它通过独立、客观地检查和评价被审计单位的财务收支、经济活动及其相关内部控制的真实性、合法性和效益性,督促被审计单位加强管理、提高效益,促进廉政建设,维护国家和人民群众的根本利益。在现代审计实践中,审计监督发挥着越来越重要的作用。

从宏观层面来看,审计监督是国家治理体系和治理能力现代化的重要组成部分。它通过揭示经济运行中存在的风险隐患,为国家宏观决策提供客观、中肯的意见和建议,有助于优化资源配置,防范化解重大风险,提高国家治理效能。特别是在当前我国经济发展进入新常态、全面深化改革进入攻坚期和深水区的背景下,加强审计监督,对于推动经济结构调整、促进经济持续健康发展具有重要意义。

从微观层面来看,审计监督是规范经济秩序、促进廉洁从业的有力抓手。通过深入被审计单位,全面了解其财务状况和内部管理,审计人员能够及时发现经济活动中存在的薄弱环节和违规问题,督促相关单位完善内控机制，规范业务流程，提高风险防范意识。同时，审计监督还能够有效遏制权力寻租、利益输送等腐败行为，维护良好的经济生态环境，为市场主体创造公平竞争的外部条件。

审计监督还是提升企业管理水平、增强市场竞争力的重要推动力。现代企业面临着日益复杂的内外部环境，加之科技进步和商业模式创新不断加快，企业管理者需要更加审慎、专业、高效地应对各种风险和挑战。审计监督能够帮助企业管理者客观评估自身的管理状况，找出存在的问题和不足，为企业的战略调整、流程再造、风险管控等提供有力支撑。审计建议的落实，不仅能够提高企业的经营管理水平，还能增强其核心竞争力和可持续发展能力。

（二）评价功能

审计工作的评价功能是审计实践中一项重要而独特的内容，通过评价，审计者能够全面、客观地揭示被审计对象的真实状况，发现存在的问题并提出改进建议，从而推动被审计单位完善内部管理，提高经营效率和效益。评价是审计工作的核心环节，贯穿于审计全过程。

在审计准备阶段，评价主要体现在对被审计单位的背景调研和风险评估。审计者需要充分了解被审计单位的行业特点、经营模式、组织架构等基本情况，识别其面临的内外部风险因素。只有准确评估了被审计单位的风险状况，才能合理确定审计重点，制定科学的审计方案。这一评价过程为后续审计工作奠定了基础。

在审计实施阶段，评价则渗透于各项具体的审计程序之中。审计者通过检查会计凭证、核对账簿记录、观察生产经营活动、询问相关人员等方式，全面收集有关被审计对象的审计证据。在此基础上，审计者运用专业判断，分析被审计单位财务状况的真实性、合规性，评价其内部控制的有效性，揭示经营管理中存在的问题和风险隐患。这些评价结论不仅为出具审计意见提供了依据,更是被审计单位改进管理、提升绩效的重要参考。

在审计终结阶段,评价则主要体现为审计报告的撰写。审计报告是审计工作的最终成果,集中反映了审计者的专业意见和评价结论。一份高质量的审计报告,应该条理清晰、文字精炼、逻辑严密,准确揭示被审计对象的优势和不足,客观指出存在的问题和改进方向。这种基于审计视角的专业评价,对于规范被审计单位运作、防范经营风险、促进持续健康发展具有重要作用。

(三)咨询功能

审计咨询功能是指在审计过程中,审计人员利用自身丰富的专业知识和实践经验,为被审计单位提供管理建议和决策支持的服务。随着经济环境的日益复杂和企业面临的风险不断增加,单纯的查错式审计已经难以满足组织管理的需求。审计咨询功能的提出,正是顺应了这一趋势,旨在发挥审计的增值作用,帮助被审计单位改善经营管理,提升风险防范能力。

从业务层面来看,审计咨询涵盖了财务管理、内部控制、风险管理等多个领域。在财务管理方面,审计人员可以运用专业知识,对被审计单位的财务状况进行深入分析,识别存在的问题和风险,并提出优化财务管理流程、提高资金使用效率的建议。在内部控制方面,审计人员可以评估内控制度设计和执行的有效性,揭示内控薄弱环节,并就如何完善内部控制体系、预防和及时发现舞弊风险等提供咨询意见。在风险管理方面,审计人员可以协助识别和评估各类风险,分析其成因和影响,并提出有针对性的风险应对策略,为组织的可持续发展保驾护航。

从价值创造的角度来看,审计咨询功能体现了现代审计服务的新内涵。传统审计更侧重于对已发生的经济业务的合规性和真实性进行事后审查，属于一种“把关”式的监督。而审计咨询则立足组织当前面临的管理问题和未来发展需求，超越查错的局限，主动参与到管理改进和价值创造的过程中来。通过诊断分析经营管理中的薄弱环节，挖掘内控和风险管理的改进空间，审计人员能够为组织“把脉”，开出有助于提升管理水平、促进可持续发展的“药方”，充分发挥审计的洞察力和专业素养。

四、审计职业道德

审计职业道德是审计行业健康发展的基石，也是审计工作者必须恪守的行为准则。它涵盖了诚信、客观公正、勤勉尽责、保密、专业胜任等多个方面，对于维护审计质量、提升审计公信力具有重要意义。

（一）诚信

审计工作本质上是一种独立、客观的鉴证活动，其生命力在于真实、准确、可靠。这就要求审计人员必须坚持实事求是，如实反映被审计对象的财务状况和经营成果，不得歪曲事实、隐瞒真相。同时，审计人员还应保持高度的自律，严格遵守法律法规和职业准则，抵制各种不当干预和利益诱惑，始终维护审计的独立性和公正性。唯有如此，审计工作才能取信于公众，发挥应有的社会监督功能。

（二）客观公正

在审计过程中，审计人员必须保持中立、超然的态度，不受任何组织或个人的影响，以事实为依据，以准则为准绳，客观评价被审计对象的财务状况和内部控制。这就要求审计人员必须具备较高的职业素养和专业判断能力，能够在复杂的经济环境中准确识别风险，全面收集证据，合理运用审计程序，最终得出公允、可靠的审计结论。同时，审计人员还应保持应有的职业谨慎,对可能影响审计独立性和客观性的情况保持高度警惕,采取必要的防范措施。

(三)勤勉尽责

审计工作往往涉及大量的财务数据和业务流程,需要审计人员付出大量的时间和精力。因此,审计人员必须恪尽职守,以高度负责的态度对待每一项审计任务,严格按照审计准则和工作程序开展审计,不得敷衍塞责、半途而废。同时,审计人员还应与时俱进,不断学习新知识、掌握新技能,持续提升专业胜任能力,以适应日益复杂的经济环境和审计对象的需求变化。唯有保持旺盛的工作热情和良好的职业操守,审计工作才能不断取得进步,更好地服务于经济社会发展。

(四)保密

在审计过程中,审计人员不可避免地会接触到被审计单位的商业机密和敏感信息。对这些信息,审计人员有责任和义务予以妥善保管,不得泄露给任何无关人员。同时,即便是对委托人或上级主管部门,审计人员也应本着保密原则,除法律法规另有规定外,未经被审计单位许可,不得披露审计过程中获得的信息。保密不仅是审计人员的职业操守,更关乎被审计单位的切身利益。只有切实维护被审计单位的商业秘密,审计工作才能取得其充分信任和支持,顺利开展并发挥应有的作用。

(五)专业胜任

审计是一项专业性很强的工作,需要审计人员具备扎实的理论基础和丰富的实务经验。这就要求审计人员必须持续加强学习,紧跟审计理论前沿和实务动态,不断拓展专业视野、提升业务能力。同时,面对日益复杂的经济业务和多变的风险环境，审计人员还应善于创新审计方法，灵活运用大数据、人工智能等现代技术手段，以提高审计工作的针对性和有效性。唯有不断增强专业素质、提升专业水平，审计工作才能适应时代发展需要，在维护市场经济秩序、促进社会诚信建设中发挥更大作用。

第二节　审计的基本原则

一、独立性原则

（一）独立性的定义

审计独立性是审计工作的灵魂和生命线，是审计人员必须坚守的基本职业道德原则。所谓独立性，是指审计人员在执行审计业务过程中保持客观公正、不偏不倚、不受他人干扰和影响的职业操守。独立性原则要求审计人员在形式上和实质上都保持应有的独立。

形式上的独立主要体现在人员的选任和管理体制上，审计人员不应与被审计单位存在直接的隶属关系，其任免、考核、晋升等不受被审计单位的影响。同时，审计机构也应当保持相对独立的地位，在人、财、物等方面不受外界不当干预。只有在制度层面确保审计人员的超然地位，才能为实质性独立提供有力保障。

实质性独立则要求审计人员在执行具体审计业务时秉持客观公正的态度，不因个人利益或外部压力而影响职业判断。审计人员应当严格遵守回避制度，对于可能影响独立性的事项如亲属关系、经济利益往来等应当主动回避。在审计过程中，审计人员应当以事实为依据，以标准为准绳，运用专业知识和职业判断得出审计结论，不屈从于任何干扰和压力。

保持实质性独立需要审计人员具备过硬的专业素质和职业操守,审计人员应当具备与审计对象相适应的专业知识和技能,熟悉相关法律法规、审计准则和行业规范,运用科学的方法掌握充分、适当的审计证据,为审计意见提供坚实基础。同时,审计人员还应当培养正直、诚信、谨慎、公正的职业品德,摆脱各种不良诱惑的干扰,始终保持高度的职业警觉性和敏感性。

(二)独立性的实现途径

独立性是审计工作的生命线,也是审计人员必须恪守的职业操守。在审计实践中,审计人员只有保持独立、客观、公正的立场,才能作出真实、可靠的审计判断,维护公众利益。那么,如何实现审计独立呢?这需要从制度、机制、意识等多方面入手,全方位构建审计独立的保障体系。

从制度层面来看,完善的法律法规是实现审计独立的基石。我国现行法律明确规定,审计机关和审计人员依法独立行使审计监督权,不受其他行政机关、社会团体和个人的干涉。同时,这些法律还对影响审计独立的行为作出了严格禁止性规定,如审计人员不得在被审计单位报酬、兼职等。这些制度规范为审计独立提供了坚实的法治保障。在此基础上,各审计机构还应根据自身实际,制定相应的内部规章制度,进一步细化审计独立的要求,强化内部约束和监督。

从机制层面来看,科学合理的审计管理体制和运行机制是实现审计独立的关键。当前,我国实行的审计管理体制主要包括国家审计、内部审计和社会审计三大类别。国家审计由审计署统一领导,依法独立行使审计监督权;内部审计机构设立在各单位内部,接受本单位领导和上级审计机关的业务指导;社会审计则由会计师事务所等中介机构承担,接受市场和行业自律监管。这种分工协作、各司其职的审计管理体制,有利于形成相互制衡、相互促进的良性互动,从而更好地维护审计独立。在运行机制上，审计机关应建立健全审计项目管理、质量控制、人员轮换等内部机制，防范损害审计独立的行为发生。

从意识层面来看，审计独立离不开审计人员的职业操守和专业胜任能力。审计人员必须具备高度的责任心、独立性和专业性，自觉远离各种利益干扰，始终保持清醒的职业判断力。这就要求加强审计队伍建设，提升审计人员的政治素质和业务素质，培养其“独立之魂”。同时，还应加强职业道德教育，引导审计人员增强法治意识、诚信意识、廉洁意识，自觉做到独立、客观、公正。只有审计人员树立起“独立才能审计、不独立就犯法”的理念，才能更好地维护审计的独立性。

二、客观性原则

(一)数据与事实的准确性

审计人员在开展审计工作时，必须以客观、真实、准确的数据和事实作为依据，避免主观臆断和片面性判断。只有确保数据和事实的准确性，审计结论才能经得起推敲和质疑，审计工作才能取信于人。

在大数据时代，海量数据给审计工作带来了前所未有的机遇和挑战。一方面，大数据技术的应用极大拓宽了审计的广度和深度，使得审计人员能够从更全面、更细致的角度揭示被审计对象的真实面貌。通过对结构化、半结构化和非结构化数据的采集、存储、处理和分析，审计人员能够发现隐藏在数据背后的问题和风险，提升审计的精准性和有效性。另一方面，大数据环境下，数据来源的多样性、数据规模的庞大性、数据变化的实时性，对审计人员的专业素养提出了更高要求。审计人员不仅要具备扎实的会计、审计专业知识，还要掌握数据分析、数据挖掘等前沿技术，不断提升数据敏感性和数据处理能力。

面对复杂多变的数据环境,审计人员要始终保持职业警觉,坚持以事实为依据、以数据说话的工作方针。在审计过程中,要全面了解被审计对象的业务流程和数据流程,深入分析内部控制的设计和执行情况,特别关注数据采集、传输、处理等关键环节可能存在的问题。对于审计中使用的各类数据,要严格检验其真实性、准确性和完整性,并运用必要的审计程序,如函证、监盘、截止测试等,以验证数据的可靠性。对于从外部获取的审计证据,如第三方数据、业务单据等,更要提高警惕,认真核对原始凭证,排除舞弊的可能。

(二)证据的可靠性

在审计工作中,证据的可靠性是一个至关重要的问题。审计证据是指审计人员在实施审计程序过程中获取的、与审计目标相关的一切信息。这些信息可以支持审计人员得出审计结论,从而提出审计意见。审计证据的可靠性直接关系到审计结论和审计意见的正确性,进而影响审计工作的质量和公信力。

1. 真实性

审计人员必须确保所获取的证据是真实、客观存在的,而非虚构或伪造的。这就要求审计人员在收集证据时,要严格遵循审计准则和相关规定,选择恰当的审计程序,并保持应有的职业谨慎。例如,在盘点现金时,审计人员要亲自清点并登记现金的数量和面值,而不能简单地依靠被审计单位提供的现金日记账。又如,在函证应收账款时,审计人员应当直接向债务人发出询证函,而不能以被审计单位提供的对账单代替。只有切实保证证据来源的真实可靠,审计工作才能站得住脚。

2.充分性

审计人员获取的证据必须能够为审计结论和审计意见提供充分的支持。换言之，仅仅获得真实的证据还不够，还必须保证证据的数量和质量达到一定的要求，能够消除审计人员的疑虑，使其对审计事项有足够的心证。这就要求审计人员在审计过程中，要全面、系统地收集各方面的证据，既要注重证据的广度，也要注重证据的深度。譬如，在审查采购业务的真实性时，审计人员不能仅仅检查采购发票和入库单，还应当关注采购合同、请购单、招标文件、评标报告等一系列资料，形成完整的证据链条。唯有如此，才能全景式地还原业务的真实情况，揭示可能存在的问题。

3.相关性

所谓相关性，是指审计证据与审计目标之间的逻辑联系。具体而言，就是要求审计人员所获取的证据，必须与特定的审计目标密切相关，能够佐证审计人员的判断和结论。相反，与审计目标无关或关系不大的信息，即便数量再多，也不能视为有效的审计证据。举例来说，在审查产品销售收入的真实性时，审计人员应当重点关注销售合同、发票、出库单、发货单等直接证据，而被审计单位的组织架构图、员工名册等材料，虽然也属于审计过程中获取的信息，但与销售收入并无直接关联，因而不能作为判断销售真实性的依据。可见，审计证据的相关性是证据可靠性不可或缺的组成部分。

4.适当性

适当性要求审计证据在形式和内容上必须符合相关法律法规的要求，符合审计准则的规定，符合被审计单位的具体情况。否则，即便证据是真实的、充分的、相关的，也可能因为不适当而无法被采信。例如，审计准则明确规定,盘点现金须由两名以上审计人员共同进行,并须当面编制现金盘点表。倘若审计人员违反规定,由一人单独盘点现金,事后补填盘点表,那么即使盘点结果真实无误,这一手续上的瑕疵也会损害证据的可靠性,使其证明力大打折扣。由此可见,证据的适当性也是证据可靠性的应有之义。

三、保密性原则

(一)保密性的重要性

审计工作中的保密性原则至关重要,它是维护被审计单位合法权益、促进审计工作顺利开展的基本保障。保密性原则要求审计人员在审计过程中以及审计结束后,对审计过程中获得的所有信息严格保密,未经被审计单位许可,不得向任何无关人员泄露。这一原则体现了审计职业的高度责任感和良好职业操守,是审计人员必须恪守的职业道德准则。

1.维护被审计单位的商业机密和合法权益

在审计过程中,审计人员可能接触到被审计单位的各类敏感信息,如财务数据、技术资料、客户资源等。这些信息往往是被审计单位的核心商业机密,对其生存和发展至关重要。如果这些信息被泄露或不当利用,将给被审计单位造成难以估量的经济损失和声誉损害。因此,审计人员必须恪守职业操守,严格遵循保密原则,为被审计单位的合法权益提供有力保障。这不仅是审计工作的基本要求,更是审计人员应尽的职业责任和道德义务。

2.保证审计工作客观公正、不受外界干扰

审计工作的目的是揭示被审计单位存在的问题,提出整改意见,促进其规范运作、提升管理水平。在这一过程中，审计人员必须保持独立、客观、公正的职业立场，不受任何外界因素的影响和干扰。而保密性原则为审计人员营造了一个相对独立、封闭的工作环境，使其能够全身心投入审计工作，排除外界干扰，独立作出专业判断。同时，严格遵守保密原则也能够赢得被审计单位的信任和配合，使审计工作得以顺利推进，最终实现审计目标。

3.维护审计职业的公信力和权威性

审计职业是一种高度专业化的职业，其专业判断和审计结论往往会对被审计单位乃至整个社会产生重大影响。因此，社会各界对审计职业寄予了很高的期望，要求审计人员恪守职业操守，保持崇高的职业道德。而保密性原则正是审计职业道德的重要组成部分，它直接关系到审计职业的声誉和公信力。只有严格遵守保密原则，审慎对待各类审计信息，审计职业才能赢得社会各界的普遍信任和尊重，其专业判断和审计结论才能得到广泛认可，其社会职能才能得以有效发挥。

4.维护国家利益和社会公共利益

审计机关是国家治理体系的重要组成部分，承担着“免疫系统”的重要职能。通过审计工作揭示和纠正各类违法违规行为，特别是防范和惩治腐败，维护国家利益和社会公共利益。在这一过程中，审计人员可能接触到许多涉及国家机密、商业秘密的敏感信息。一旦这些信息泄露，不仅会损害国家利益和社会公共利益，还可能危及国家安全和社会稳定。因此，在面对各种诱惑和威胁时，审计人员必须坚守保密原则这一道德底线，以国家利益和社会公共利益为重，严守秘密，不为利益所诱，不为权势所惑，忠诚履行审计职责。

(二)保密性实施措施

保密性是审计工作的基本原则之一,它要求审计人员对在执业过程中获得的被审计单位的各种信息严格保密,不得擅自泄露或不当利用。为了确保保密性原则的贯彻落实,审计机构和审计人员需要采取一系列有效措施。

首先,审计机构应建立健全保密管理制度,明确保密的范围、责任和违规后果。保密管理制度应涵盖审计过程中接触到的所有信息,包括被审计单位提供的资料、审计工作底稿、审计报告等。审计机构还应定期开展保密教育和培训,强化审计人员的保密意识,帮助其掌握必要的保密技能。

其次,审计人员应严格遵守职业道德规范,恪守保密承诺。在开展审计工作之前,审计人员应与被审计单位签订保密协议,明确双方的权利和义务。在审计过程中,审计人员应妥善保管审计资料,避免丢失或泄露。在与他人讨论审计事项时,审计人员应注意场合和对象,防止无意中泄露敏感信息。

再次,审计机构应建立信息安全管理体系,运用现代信息技术手段保障数据安全。审计机构可以采用访问控制、数据加密、日志审计等技术措施,对审计信息系统进行全方位保护。对于特别敏感的信息,审计机构可以设置专门的保密区域,限制人员出入,并配备必要的监控设备。

此外,审计机构还应建立违规泄密的问责机制和奖惩制度。对于违反保密规定、造成严重后果的审计人员,审计机构应给予相应的纪律处分,情节严重的可以移交司法机关处理。同时,审计机构也应对在保密工作中表现突出的审计人员给予表彰和奖励,以激励更多人员自觉维护保密原则。

最后,审计人员还应提高自身的职业判断能力和道德修养,时刻保持警惕,防范各种利诱和威胁。在面对利益冲突时,审计人员应坚持原则,捍卫职业操守，决不能为了一时的利益而违背保密承诺。只有审计人员自觉践行高尚的职业道德，保密原则才能真正得到落实。

（三）保密性违规后果

从道德层面来看，保密原则是审计职业道德的重要组成部分，是审计人员必须恪守的职业操守。审计工作的开展依赖于被审计单位对审计人员的信任，这种信任建立在审计人员严格遵守职业道德、保守商业秘密的基础之上。一旦审计人员违反保密原则，泄露被审计单位的商业机密或个人隐私，就意味着背叛了被审计单位的信任，破坏了审计工作的基础，也违背了审计职业的根本宗旨。这不仅会影响审计人员个人的职业生涯，也会损害整个审计行业的公信力和社会声誉。因此，恪守保密原则是每一个审计人员必须坚守的道德底线。

从实务层面来看，违反保密原则可能带来一系列严重后果。首先，泄密行为可能导致被审计单位的商业秘密外泄，给其生产经营造成重大损失，甚至危及其生存发展。其次，审计人员违反保密原则，也会影响审计工作的正常开展，被审计单位可能拒绝提供相关资料，隐瞒有关事实，导致审计无法有效进行。再者，一旦泄密行为被曝光，审计人员个人也将面临严重的职业风险，可能遭到被审计单位的投诉和起诉，承担民事赔偿责任，甚至构成犯罪。因此，审计人员必须时刻警惕保密风险，严格遵守保密规定，以免造成无法挽回的损失。

四、专业胜任能力原则

（一）专业知识要求

在现代审计环境下，审计业务日益复杂，涉及的领域不断拓展，对审计人员的专业知识要求也越来越高。只有具备扎实全面的专业知识，审计人员才能胜任工作岗位，发挥应有的作用。

1. 审计人员需要掌握审计专业知识

作为一门独立的学科，审计学涉及审计目标、审计对象、审计程序、审计方法、审计证据等诸多方面的内容。审计人员必须熟悉这些基本概念和原理，掌握各种审计程序和方法的运用，了解审计证据的类型和特点，明确审计工作的基本流程。只有在系统掌握审计专业知识的基础上，审计人员才能开展有针对性的审计，提高审计工作的效率和质量。

2. 审计人员需要具备相关学科知识

审计工作往往与会计、经济、管理、统计、法律等学科密切相关。例如，在财务报表审计中，审计人员需要运用会计和财务知识分析被审计单位的财务状况；在经济责任审计中，审计人员需要运用经济学和管理学知识评价被审计单位的经营管理绩效；在合规性审计中，审计人员需要运用法律知识判断被审计事项的合规性。可以说，相关学科知识是审计人员开展工作的重要知识储备，直接影响着审计质量。

3. 审计人员需要了解被审计单位及其所处行业的专业知识

不同行业、不同单位在业务流程、经营模式、风险特征等方面存在较大差异。审计人员只有深入了解被审计单位的业务特点，才能设计出恰当的审计程序，全面识别和评估审计风险，作出恰当的审计判断。同时，审计人员还需要及时更新行业知识，紧跟行业发展动态，准确把握行业风险，以适应不断变化的审计环境。

4. 审计人员需要将各种专业知识融会贯通、活学活用

单一的知识储备已经无法满足复杂审计业务的需要，审计人员需要在实践中不断整合各学科知识，形成综合运用的能力。面对错综复杂的审计问题，审计人员要善于从多角度、多层面分析原因，提出切实可行的解决方案。这种知识整合与迁移运用的能力，是审计人员专业胜任的关键要素。

(二)持续教育与培训

专业胜任能力是审计人员必须具备的基本素质，它直接影响着审计工作的质量和效率。为了保证审计人员的专业胜任能力，持续教育和培训必不可少。它是审计人员适应不断变化的经济环境、更新专业知识、提升职业技能的重要途径。

审计领域的知识更新速度非常快，新的审计准则、会计准则、相关法律法规不断出台，审计技术手段也在不断创新。如果审计人员不能及时掌握这些新知识、新技能，就难以胜任日益复杂的审计工作。因此，持续教育和培训对于维持并提高审计人员的专业胜任能力至关重要。

具体而言，持续教育和培训可以帮助审计人员深入理解审计准则的内涵和应用，准确把握会计准则的变化，熟悉相关法律法规的要求，从而保证审计工作在合规的基础上有效开展。同时，持续教育和培训还能够帮助审计人员及时了解和掌握先进的审计理念、方法和技术，提高运用信息技术手段获取和分析审计证据的能力，从而提升审计效率和审计质量。

除了知识和技能的更新，持续教育和培训对于塑造审计人员良好的职业道德操守也有重要作用。审计工作要求审计人员恪守独立、客观、正直、保密等基本原则，这需要审计人员具有高尚的职业道德情操。通过持续教育和培训，审计人员可以加深对职业道德规范的理解，提高职业道德

敏感性,树立正确的价值观和责任意识,从而更好地履行审计职责,维护公众利益。

持续教育和培训还是审计人员拓展视野、提升综合素质的重要平台。审计工作涉及经济、管理、法律等多个领域,需要审计人员具有广博的知识和开阔的视野。通过参加各类教育培训活动,审计人员可以接触不同领域的前沿知识,了解相关行业的发展动态,这有助于其在审计过程中全面分析问题,提出合理化建议。同时,在教育培训活动中与其他审计人员的交流互动,也能够帮助审计人员开拓思路,增强沟通协调能力。

五、公正性原则

(一)公正性在审计中的重要性

作为一项旨在维护公众利益的独立鉴证活动,审计必须坚持客观公正的立场,以事实为依据,以标准为准绳,始终保持高度的职业警惕和崇高的职业操守。只有恪守公正原则,审计才能发挥应有的监督作用,维护经济秩序,促进社会公平正义。

公正性原则要求审计人员全面了解被审计对象的情况,客观收集和评价审计证据,正确反映被审计事项的事实真相,作出公平合理的审计结论。在审计过程中,审计人员必须摒弃一切成见和偏见,秉持客观中立的态度,无惧无私、不偏不倚地开展工作。任何个人好恶、利益诉求都不能影响审计的独立性和公正性。这就要求审计人员具备崇高的职业道德和坚定的原则立场,时刻警惕来自内外部的干扰和压力,坚决抵制种种不正当的利益诱惑。

从本质上讲,公正性原则体现了审计作为社会经济"免疫系统"的价值取向。在市场经济条件下,审计监督是维护公平竞争、促进诚信建设的重要手段。通过独立、客观、公正的审计，可以有效识别和防范经济活动中存在的种种风险隐患，及时揭示和纠正各类违法违规行为，为维护市场秩序、保障各方权益提供有力支撑。可以说，失去公正性，审计就丧失了存在的意义和价值。

尤为重要的是，公正性原则还关乎审计职业的公信力和权威性。审计工作直接服务和影响着广大公众利益，是维护社会公平正义的重要力量。公众之所以信赖审计，根本在于相信审计人员能够秉持公正原则，出具客观、真实、可靠的审计结果。一旦审计人员在公正性问题上出现偏差，审计职业必然失去公信力，进而动摇整个社会诚信基础。反之，审计人员对公正性原则的坚守，将极大地提升审计工作的权威性，赢得社会各界的广泛信任和支持。

（二）保障公正性的措施

1.建立健全内部管理制度

审计机构应制定科学合理的人员聘用、岗位轮换、绩效考核等制度，防范审计人员与被审计对象产生利益冲突。同时，审计机构还应加强内部监督，及时发现和纠正违反公正性原则的行为。对于违规人员，应严肃追究责任，形成有力的震慑。只有在制度层面筑牢根基，才能为审计工作的公正性提供坚实保障。

2.恪守职业操守

审计人员应时刻谨记公正无私的价值追求，严格遵守职业道德规范，抵制各种不当干预和利益诱惑。在审计过程中，审计人员应以事实为依据，以法律为准绳，客观评价被审计对象的经济活动，不夸大问题，也不隐瞒缺陷。同时，审计人员还应不断提升专业素养，掌握必要的审计技术方法,确保审计工作的规范性和专业性。个人操守和专业能力是审计人员公正履职的双重保证。

3.营造良好氛围

社会各界应形成尊重审计、支持审计、配合审计的共识,为审计工作营造独立、客观、公正的外部环境。被审计对象应积极配合审计工作,如实提供相关资料,对审计发现的问题诚恳整改。同时,社会公众和新闻媒体应加强对审计工作的监督,曝光违反公正性原则的行为,形成强大的舆论压力。良好的外部环境能够强化审计工作的独立性和权威性,促进公正性原则的贯彻落实。

4.构建多元共治格局

审计机关应加强与纪检监察、司法等部门的协作配合,形成监督合力,提高审计发现问题的查处力度。同时,审计机关还应主动接受人大监督,自觉接受社会监督,以开放包容的姿态回应各方关切。多元主体的协同治理能够有效制衡审计权力,防范审计工作中的徇私舞弊行为。

第三节　审计的流程与方法

一、审计计划的制定

(一)审计目标设定

审计目标是审计工作的起点和归宿,科学、合理地设定审计目标是确保审计工作高效开展、实现预期目的的基础和前提。在现代审计实践中,审计目标的设定需要充分考虑审计对象的特点、利益相关方的诉求以及审计资源的约束等多方面因素，体现出较强的系统性和复杂性。

从审计对象的角度来看，不同类型、不同规模、不同行业的组织，其经营管理活动和财务状况存在显著差异，这就要求审计目标的设定必须紧密结合被审计单位的实际情况。对于大型国有企业，审计目标可能侧重于评估其国有资产的保值增值情况，揭示经营管理中存在的风险隐患；对于上市公司，审计目标则可能更加关注财务报告的真实性和准确性，以维护广大投资者的合法权益；而对于政府部门和事业单位，审计目标可能更多地体现在公共资金的管理使用情况和绩效水平上。因此，"量身定制"的审计目标设定有助于突出审计重点，提高审计的针对性和有效性。

从利益相关方的角度来看，不同主体对审计工作的期望和要求也不尽相同。被审计单位往往希望审计能够帮助其识别内部控制薄弱环节，改善经营管理水平；投资者则更加关注审计能否真实反映企业的财务状况和经营成果，保障其投资收益；而政府监管部门则期望审计能够有效防范系统性风险，维护经济金融秩序和社会公众利益。面对多元化的利益诉求，审计目标的设定需要在服务委托人、服务被审计单位、服务社会三者之间寻求平衡，既不能过于狭隘，也不能过于泛化，必须牢牢把握审计的本质属性和职业操守。

从审计资源的角度来看，审计时间、审计人员、技术支持等关键要素的配置情况在很大程度上制约着审计目标的设定。面对有限的审计资源，审计机构必须对审计业务进行科学统筹和合理安排，既要考虑不同项目的轻重缓急，又要兼顾审计成本和审计效益。对于难度较大、风险较高、社会影响较为广泛的审计项目，应当给予更多的资源倾斜，相应地提出更高的审计目标；而对于常规性、程序化较强的审计业务，则可以适当降低审计目标，压缩审计资源投入。总之，在有限审计资源约束下实现审计目标的动态优化配置，是现代审计机构面临的一大挑战。

（二）审计范围确定

审计范围的确定是审计工作中至关重要的一环，它直接关系到审计的目的能否实现，审计结论的可靠性和审计效率的高低。审计范围过窄，可能导致审计目标无法全面实现，审计结论失真；而审计范围过宽，又会造成审计资源的浪费，影响审计效率。因此，科学、合理地确定审计范围是保证审计质量的关键。

从审计目标的角度来看，审计范围的确定应以实现审计目标为首要原则。不同的审计业务有着不同的目标定位，如财务报表审计旨在提高财务报告的可靠性，而合规性审计则着眼于被审单位对法律法规的遵循情况。审计人员需要根据具体的审计目标，围绕审计事项的风险和重要性进行范围的选择。对于风险较高且与审计目标密切相关的领域，应重点关注并纳入审计范围之中。而对于风险较低、重要性不高的事项，则可以考虑在审计范围中予以适当减少。通过对风险和重要性因素的权衡，使得有限的审计资源能够聚焦于最关键的审计领域，从而保证审计目标的实现。

在确定审计范围时，需要充分考虑被审计单位的特点和所处的外部环境。不同行业、不同规模、不同发展阶段的企业，其经营管理的复杂程度和面临的风险状况差异较大。审计人员应当全面了解被审计单位的业务流程、内部控制、财务状况等情况，识别出特有的风险点和关键控制节点。同时，还要关注被审计单位所处的宏观经济形势、行业发展趋势、监管政策变化等外部因素，评估其对被审计单位经营活动和财务数据可能产生的影响。只有立足被审计单位的实际，深入分析内外部环境，才能更加准确地锁定审计重点，合理划定审计范围。

(三)审计资源分配

在审计工作中,合理分配审计资源是保证审计质量和效率的关键。审计资源包括审计人员、时间、技术设备等要素,如何在有限的资源条件下实现审计目标,是每一个审计项目都必须考虑的重要问题。

1.针对性和匹配性

不同的审计对象和审计内容对资源的需求是不一样的。比如,对于业务流程较为复杂、涉及面较广的被审计单位,需要投入更多的人力资源,安排经验丰富的审计人员,同时给予充足的审计时间。而对于一些常规性、风险较低的审计业务,则可以适当减少资源投放。因此,审计机构应当全面评估审计项目的重要性、复杂程度、风险水平等因素,有的放矢地配置资源,避免"大水漫灌"式的平均分配。

2.经济性和效益性

审计成本与审计质量并非呈简单的线性关系。盲目追求高投入未必能换来高质量,适度投入有时反而能收获事半功倍的效果。审计机构需要在保证必要的审计程序和审计证据的基础上,合理控制成本,提高资源利用效率。通过优化审计方案设计、改进审计技术方法,在较低成本下实现审计目标,这是审计资源分配需要追求的重要目标。

3.向人力资源方面倾斜

审计工作的开展离不开高素质专业化人才队伍的支撑。因此,在审计资源分配中,应当重点向人力资源方面倾斜,加大人才引进、培养和激励力度。通过完善的选人用人机制、系统的培训体系、有竞争力的薪酬福利,吸引和稳定优秀审计人才,为其提供干事创业的舞台。同时,还要搭建科学的绩效考核和晋升通道,调动审计人员的积极性和创造性,使其在岗位上充分发挥才干,创造价值。

二、审计证据的收集

(一)审计证据类型

审计证据是审计工作得以顺利开展并形成审计结论的基础,在实际审计过程中,审计人员需要收集、评估各种类型的审计证据,以支持其审计意见。根据审计准则和实务指南的规定,审计证据可以分为多种类型,各有其特点和适用范围。

1. 查验性证据

查验性证据是指审计人员通过现场查看、观察、清点等方式直接获取的客观证据。例如,审计人员可以通过实地盘点存货,验证企业财务报表中存货数量和金额的准确性;又如,审计人员可以查验企业的土地使用权证、房产证等权属证明,确认相关资产的真实性和完整性。查验性证据具有客观、直接的特点,可信度较高,是审计工作中必不可少的证据来源。

2. 文件性证据

文件性证据是指以书面形式存在的各类内外部文件资料,如合同、发票、银行对账单、会计凭证、财务报表等。通过检查相关文件,审计人员可以了解和确认交易事项的发生、金额计量、会计处理等情况。文件性证据的获取相对便捷,且具有一定的规范性和可追溯性。但审计人员需要注意识别文件的真伪,关注其形成的背景和条件,以免形成错误判断。

3. 询证性证据

询证性证据是审计人员向被审计单位以外的独立第三方进行询证，获取的书面回复。常见的询证对象包括银行、债权人、债务人、法律顾问等。通过询证，审计人员可以就特定事项获取外部证据，如银行存款余额、应收应付款项、或有事项等，从而提高审计证据的可靠性。询证过程需遵循独立性、针对性、回函率等原则，并恰当评价询证结果，以支持审计结论。

4. 分析性证据

分析性证据是运用分析程序对财务和非财务数据进行比较、分析而获取的审计证据，常用的分析程序包括比较分析、趋势分析、比率分析等。通过纵向或横向比较被审计单位的财务指标，分析其变动趋势和异常波动，审计人员可以发现潜在的重大错报风险领域，为进一步审计程序的实施提供方向。分析性证据的获取需要审计人员具备一定的行业知识和专业胜任能力，并合理运用职业判断。

5. 口头证据

口头证据是被审计单位人员或其他相关人士通过口头陈述、解释、说明等方式向审计人员提供的情况或信息。口头证据往往具有主观性和局限性，审计人员不能完全依赖，而需结合其他证据类型进行佐证和验证。同时，对于重要的口头证据，审计人员应当要求其提供书面声明，以确保证据的可靠性和可追溯性。

6. 观察性证据

观察性证据是审计人员在现场观察被审计单位的生产经营活动、内部控制执行等情况时获取的审计证据。通过观察被审计单位的经营场所、生产流程、内控制度执行等,审计人员可以直观地了解和评估相关领域的设计和运行缺陷,但观察证据受时间和范围的限制,不能穷尽所有情况,仍需与其他审计程序相结合。

(二)审计证据收集方法

审计证据的收集是审计工作的核心环节之一,直接关系到审计结论的可靠性和审计质量的高低。为了确保审计证据具有充分性、相关性和可靠性,审计人员需要运用恰当的方法,从多个渠道获取审计证据。

查阅被审计单位的会计账簿、会计凭证、财务报表等会计资料,是获取审计证据的基本方法。通过系统地检查这些原始凭证和记录,审计人员可以了解被审计单位的财务状况、经营成果和现金流量等情况,识别可能存在的舞弊或错报风险。同时,审计人员还应关注会计处理的合规性,评估内部控制的有效性。在查阅会计资料的过程中,审计人员要保持职业怀疑态度,对异常或可疑的事项予以重点关注和深入调查。

实地查看被审计单位的资产和业务活动,是验证会计资料真实性、完整性的有效途径。通过现场盘点货币资金、存货等实物资产,审计人员可以确定资产的真实存在和完整入账情况。对于在建工程、固定资产等非流动资产,审计人员还需实地察看其建设或使用状况,了解资产减值、闲置等风险。针对被审计单位的生产经营活动,审计人员可以通过现场观察、走访、监盘等方式,掌握其业务流程和内部控制执行的有效性,获取进一步的审计证据。

询问被审计单位的管理层和相关人员,有助于审计人员及时发现审计线索,深入了解复杂业务的实质。审计人员可以就疑点问题、特殊事项等与被审计单位进行沟通,要求其做出合理解释并提供支持性证据。在询问过程中,审计人员应当运用专业判断,辨别被询问人员提供信息的可靠程度，必要时还需获取书面声明。对于重要的询问事项，审计人员应当形成书面记录并经被询问人员确认，以提高询问证据的可靠性。

函证是审计人员独立获取证据的重要方式。审计人员可以向银行、债权人、债务人等第三方发出询证函，要求其就特定事项提供书面回复，如银行存款余额、应收应付款项、或有事项等。与被审计单位提供的资料相比，外部函证能够提供更客观、更可靠的审计证据。在实务中，审计人员需要恰当设计询证函的内容和格式，选择可靠的被询证对象，并在必要时实施替代程序，以应对询证无回函或回函不符等特殊情况。

三、审计报告的编写与发布

（一）审计报告结构

审计报告是审计工作的最终成果，也是审计人员与各利益相关方沟通的重要载体。一份结构合理、内容完整、重点突出的审计报告，能够清晰地反映被审计单位的真实情况，准确传递审计发现和建议，为管理层决策提供有力支撑。因此，科学设计审计报告结构，对于提升审计工作质量和效率具有重要意义。

一份规范的审计报告通常由标题、审计范围、审计目标、审计依据、总体评价、审计发现、审计建议等部分构成。其中，标题要简明扼要，准确反映报告主题；审计范围要明确界定审计对象和内容，交代审计时间、地点等要素；审计目标要阐明此次审计的主旨和意义；审计依据要列举审计工作所依托的法律法规、准则规范等；总体评价要对被审计单位的整体情况作出客观评判；审计发现要有理有据地指出被审计单位存在的问题，并揭示问题的原因、性质和影响；审计建议则要针对审计发现提出改进方向和具体措施，力求可操作、可落地、可检验。

高质量的审计报告离不开扎实细致的审计调查,审计人员应深入被审计单位,广泛收集相关资料,全面了解其经营管理状况。在此基础上,审慎运用分析性复核、询问、函证、观察等方法获取审计证据,查清事实真相。同时,内部控制测试、实质性测试、合规性测试等程序也要一一落实到位,不放过每一个可疑点。唯有如此,才能确保审计报告内容翔实、结论可靠。

在确保内容质量的同时,审计报告的形式也不容忽视。一方面,报告格式要规范统一,符合相关准则和规定的要求。另一方面,报告语言要准确得体,严谨中不失生动,平实中见专业。条理要清晰,逻辑要严密,论据要充分,论证要有力。必要时,还可以运用恰当的修辞手法,增强报告的感染力和说服力。

(二)审计发现陈述

审计发现的陈述是审计工作中非常关键的一个环节,它直接关系到审计报告的质量和审计结果的利用。审计发现是指审计人员在实施审计过程中,通过收集、整理和分析审计证据所得出的结论性意见。这些意见涉及被审计单位在财务管理、业务活动、内部控制等方面存在的问题或不足。审计发现的陈述要求审计人员以客观公正的态度,运用专业判断,准确揭示被审计单位存在的风险隐患和潜在问题,为管理层决策和整改提供有力支撑。

在陈述审计发现时,审计人员应该坚持"重要性"原则,针对那些对财务报表或管理活动产生重大影响的事项进行重点关注和披露。对于一些轻微的、不具备重要性的问题,可以酌情考虑是否在审计报告中提及。这就要求审计人员具有敏锐的洞察力和专业素养,能够准确判断哪些审计发现值得重点关注和汇报。只有抓住了关键问题,审计报告才能发挥应有的作用,为管理决策提供有价值的参考。

审计发现的陈述还应遵循“客观性”原则，尽可能避免主观臆断和偏颇倾向。审计人员要以事实为依据，以证据为基础，客观、如实地反映被审计单位的真实情况。在描述审计发现时，要用清晰、准确、简明的语言，避免使用模棱两可或容易引起歧义的表述。同时，审计人员还要保持应有的职业谨慎，对那些尚未获得充分证据支持的问题，不能轻易下定论或做出判断，以免误导报告使用者。只有坚持客观、公正、审慎的原则，审计发现的陈述才能经得起推敲和质疑，才能为报告使用者所信服。

在陈述审计发现时还需要讲究方式方法，增强表达的艺术性和感染力。单纯的事实罗列和数据堆砌，往往难以引起报告使用者的兴趣和重视。审计人员要学会运用恰当的例证和对比，生动形象地呈现审计发现，让枯燥的内容变得鲜活起来。例如，对于经济效益方面的审计发现，可以通过列举同行业优秀企业的经营数据，阐明被审计单位与标杆之间存在的差距，进而揭示其潜在的改进空间。又如，对于资源利用效率方面的审计发现，可以选取具有代表性的案例，说明因管理不善或决策失误导致的资源浪费问题，引起管理层对相关风险的重视。这些表述方式有助于增强审计报告的可读性和说服力，提升审计结果的传播效果。

四、审计结果的反馈与改进

（一）审计结果反馈机制

审计结果反馈机制是现代审计工作中一个至关重要的环节，它通过及时、准确、全面地向相关方报告审计发现，推动问题整改和制度完善，最终实现组织目标。一个科学、有效的审计结果反馈机制需要兼顾制度设计与实际运作两个层面。

从制度设计的角度来看，审计结果反馈机制应明确反馈的对象、内容、方式和时限等关键要素。就反馈对象而言,审计结果不仅要向被审计单位报告,还应根据情况向上级主管部门、同级党委政府或专门的审计委员会通报。反馈内容应包括审计发现的问题、问题产生的原因、整改建议等,既要揭示症结所在,又要提出切实可行的改进措施。反馈方式可以采取书面报告、口头汇报、座谈交流等多种形式,既要正式严肃,又要灵活多样。反馈时限应根据问题的严重程度和整改的难易程度来设定,既要及时,又要留有必要的整改期。

从实际运作的角度来看,审计结果反馈机制的有效性还取决于审计人员的沟通反馈技巧。审计人员在反馈过程中应本着客观、公正、建设性的原则,运用事实说话、数据说话,准确描述审计发现,客观分析问题原因,耐心解答疑问,鼓励被审计单位积极整改。对于涉及重大问题或敏感事项的反馈,审计人员还需要运用恰当的方式方法,注重策略和技巧,既不回避矛盾,又不激化矛盾,既不影响审计独立性,又能增进审计获得认同。

(二)审计改进措施

审计工作结束后,审计改进措施的制定和实施是将审计成果转化为管理效能提升的关键环节。审计发现的问题往往反映出被审计单位在内部控制、业务流程、风险防范等方面存在的薄弱环节。如果这些问题得不到及时有效的整改,不仅会影响被审计单位的健康发展,也会使审计工作流于形式,难以发挥应有的监督和促进作用。因此,审计机构和被审计单位都应高度重视审计整改工作,采取切实可行的措施,推动审计发现问题的全面整改。

从审计机构的角度来看,提出具有针对性和可操作性的审计建议是推动整改工作的前提和基础。审计人员在审计过程中要深入调查研究,全面了解被审计单位面临的内外部环境,准确把握导致问题发生的根本原因。在此基础上，审计机构要充分吸收被审计单位的合理意见，提出切合实际、具有建设性的整改建议。这些建议应明确整改的目标、措施、时限和责任部门，为被审计单位的整改工作提供明确的方向和路径。同时，审计机构还应加强整改跟踪检查和后续审计，督促被审计单位落实整改措施，确保整改工作取得实效。

从被审计单位的角度来看，提高对审计整改工作的重视程度是推动问题解决的关键所在。一些单位对审计发现的问题重视不够，整改工作流于形式，甚至出现敷衍塞责、拒不整改的现象。这既违背了审计的初衷，也损害了单位自身的长远利益。因此，被审计单位特别是主要负责人要充分认识到审计整改的重要意义，将其作为推动单位管理提升的重要抓手，带头研究审计意见，落实整改责任，推动整改工作的有序开展。在整改过程中，被审计单位要结合自身实际，制定科学合理的整改方案，明确整改措施、完成时限和责任人。对于一些复杂疑难问题，要组织专门力量进行攻关，确保整改工作取得实质性进展。

（三）审计后续跟踪

审计后续跟踪是审计工作的关键一环，它旨在确保被审计单位切实落实审计整改意见，推动审计成果的有效运用。通过持续跟进和监督，审计人员能够全面了解被审计单位整改措施的制定和执行情况，评估整改效果，发现和解决整改过程中存在的问题，促进被审计单位不断完善内部管理，提升经营绩效。

1.督促被审计单位制定切实可行的整改方案

审计人员应当与被审计单位保持密切沟通，指导其针对审计发现的问题进行原因分析，明确整改目标、措施和时限，形成系统完整的整改方案。在此过程中，审计人员需要运用专业知识和经验，评估整改方案的针对性、可操作性，提出改进建议，确保整改工作有的放矢、务实管用。

2.关注整改措施的落实情况

审计人员应当采取多种方式，如现场检查、跟踪审计、函证、约谈等，深入了解被审计单位整改工作的进展和成效。对于整改不到位、敷衍塞责的情况，审计人员要及时提出警示，督促被审计单位加大整改力度，扎实推进整改工作。对于整改过程中遇到的困难和问题，审计人员要积极协调相关方面予以支持和帮助，推动问题的有效解决。

3.重视整改效果的评估和验证

审计人员应当按照审计整改目标，采用适当的评估方法和标准，客观评价被审计单位整改工作的成效。对于整改不彻底、效果不明显的问题，审计人员要深入分析原因，提出改进意见，推动被审计单位进一步深化整改、完善制度、规范管理。必要时，审计人员还可以开展"回头看"式的再审计，全面检验整改成果，巩固审计整改成效。

五、审计档案的管理与保存

（一）审计档案分类

审计档案分类是审计档案管理的基础和前提，科学合理的分类方法不仅有利于提高审计档案的管理效率，方便档案的查询和利用，更能够为审计工作的顺利开展提供重要支撑。通常，审计档案可以按照不同的标准进行分类，如按照审计对象、审计内容、审计阶段等。

1.按照审计对象进行分类

这种分类方法将审计档案按照被审计单位的类型划分为企业审计档

案、事业单位审计档案、行政机关审计档案等。这种分类方式直观明了，便于审计人员快速定位和查找相关档案资料。同时，这种分类方法也有利于审计部门针对不同类型单位的特点，制定有针对性的审计方案和工作流程。

2.按照审计内容进行分类

这种分类方法根据审计涉及的业务领域将审计档案划分为财务审计档案、业务审计档案、内部控制审计档案、信息系统审计档案等。这种分类方式能够充分反映审计工作的专业性和针对性，有利于审计人员深入分析审计对象的业务流程和内部控制，从而提高审计工作的质量和效率。

3.按照审计阶段进行分类

这种分类方法将审计档案按照审计业务的进展划分为审计准备档案、审计实施档案、审计终结档案等。这种分类方式能够清晰地反映审计工作的全过程，为审计人员提供完整、系统的工作依据。同时，这种分类方法也有利于审计部门及时总结审计经验，完善审计流程，提升审计工作的规范化和标准化水平。

(二)审计档案保存期限

审计档案保存期限的确定需要综合考虑多方面因素，既要满足审计工作需要，又要兼顾档案管理的效率和成本。根据不同审计项目的性质、重要程度和复杂程度，可以采取差异化的保存期限政策。

对于一般性的审计项目，如年度财务收支审计、内部控制评价等常规审计，其形成的审计档案可以采取相对较短的保存期限，一般为5—10年。这类审计通常风险较低，审计结果相对稳定，较短的保存期限既能满足后续核查和问责的需要，又不会给档案管理带来过重负担。

而对于重大的审计专项,如国有资产管理审计、重点工程项目审计、经济责任审计等,其审计档案的保存期限应适当延长。这类审计通常涉及重大公共利益,审计结论的影响深远,审计过程中形成的证据材料可能成为事后问责追溯的关键依据。因此,审计档案的保存期限一般不少于15—30年,以确保重要审计事项的可追溯性。

对于极少数在国家层面有重大影响的审计项目,如中央预算执行审计、国有企业领导人员经济责任审计等,形成的审计档案具有特殊的历史价值和凭证效力,应当永久保存,成为国家档案的重要组成部分。这些审计档案不仅记录了国家和社会发展的重要历程,也是加强国家治理、完善法治建设的宝贵财富。

随着信息技术的发展,电子档案已经成为审计档案管理的重要方式。与传统的纸质档案相比,电子档案具有存储便捷、检索高效、共享方便等优势。但电子档案也面临着存储介质老化、数据格式更新等特殊挑战。因此,在确定电子审计档案的保存期限时,除了考虑内容本身的价值和意义外,还应当充分估计信息系统更新换代周期,采取定期迁移、多重备份等措施,确保档案信息的长期可读和永久保存。

(三)审计档案保密措施

审计档案作为审计工作的重要载体和依据,其安全保密至关重要。一旦审计档案发生泄露,不仅会给被审计单位造成经济损失和信誉损害,更可能影响审计工作的公正性和权威性。因此,建立健全审计档案保密措施,严格规范档案管理,已经成为现代审计工作的重中之重。

审计档案保密措施的制定应当遵循全面性、针对性、可操作性的原则。全面性要求保密措施涵盖审计档案的收集、整理、存储、使用、销毁等各个环节,不留死角和盲区。针对性要求根据不同审计档案的保密等级,采取差异化的管理措施,做到区别对待、分类管控。可操作性则要求保密措施切实可行，便于审计人员理解和执行，避免流于形式。

在具体实践中，审计部门应当从物理安全、人员管理、技术保障等方面入手，全方位构建审计档案保密体系。物理安全措施包括设置专门的档案库房，配备必要的防盗、防火、防潮等设施，严格控制人员出入。人员管理措施包括建立审计人员保密责任制，与相关人员签订保密协议，定期开展保密教育培训，强化保密意识。技术保障措施则包括使用加密软件对电子审计档案进行加密存储，部署访问控制系统对档案调阅进行权限管理，利用水印技术防止档案非法复制和传播。

此外，审计部门还应当建立健全的保密制度体系，明确各类档案的保密期限、知悉范围和违规处罚措施。对于涉及国家秘密、商业机密的审计档案，要严格按照相关保密法律法规进行管理，不得擅自复制、留存或者向无关人员泄露。对于一般性的审计档案，也要根据其重要程度，合理设定调阅权限和保管期限，防止无序调阅和长期堆积。

第二章　大数据技术在审计中的应用

第一节　基于大数据技术的审计数据采集

一、基于大数据技术的审计实时数据采集技术

(一)实时数据采集的技术原理

与传统的事后审计不同,智能审计强调及时获取和分析被审计对象的实时业务数据,以便及早发现潜在的风险和问题。这就要求审计人员必须掌握先进的实时数据采集技术,了解其基本原理和实现方法。

实时数据采集的核心在于通过各种技术手段,持续不断地从被审计单位的业务系统中提取关键数据,并将其传输到审计系统进行分析和处理。这一过程通常借助于数据采集代理、数据采集适配器等组件来实现。数据采集代理部署在被审计单位的业务系统中,负责实时捕获业务数据的变化,并将其传递给数据采集适配器。数据采集适配器则将异构的业务数据转换为统一的格式,方便后续的分析和利用。

在实时数据采集过程中,需要特别注意数据的完整性、一致性和实时性。数据完整性要求采集到的数据能够完整地反映业务活动的全貌,不能出现遗漏或残缺。数据一致性则强调来自不同业务系统的数据之间不能存在矛盾和冲突。数据实时性是指数据采集和传输的时间延迟要尽可能小,以便审计人员能够及时获知业务状况的变化。为了保证数据质量,实时数据采集系统通常会采用数据校验、数据清洗等技术,自动识别和纠

正错误数据。

在实时数据采集过程中，还需要考虑系统性能和安全性等因素。频繁的数据采集和传输会给被审计单位的业务系统带来额外的负载，影响其正常运转。因此，审计人员要合理设置数据采集的频率和粒度，既要满足审计工作的需要，又要尽量减小对业务系统的影响。此外，由于审计数据通常涉及商业机密，因此必须采取严密的安全防护措施，防止敏感数据泄露。

（二）实时数据采集的工具与平台

实时数据采集是智能审计的重要基础，其高效、准确的数据获取能力为深度数据分析、风险识别预警等后续环节提供了可靠的数据支撑。随着大数据、云计算、物联网等新一代信息技术的迅猛发展，实时数据采集的技术手段和平台工具也日新月异，为审计工作带来了前所未有的机遇。

传统的审计数据采集主要依赖于人工提取、录入，存在效率低下、差错率高等问题。而基于大数据技术的实时数据采集，能够通过自动化的方式快速、准确地获取海量数据，极大地提升了数据采集的时效性和全面性。例如，运用网络爬虫技术，可以实时抓取企业网站、电商平台、社交媒体等渠道的公开数据，并智能提取其中的关键信息。又如，利用 RFID、传感器等物联网设备，能够实时采集生产、仓储、物流等业务环节的动态数据，实现端到端的全流程监控。

在实时数据采集工具方面，分布式数据采集框架已经成为主流选择。这些工具能够支持多种数据源的接入，提供高吞吐、低延迟的数据传输能力，并具备良好的容错和横向扩展特性。同时，它们还支持灵活的数据过滤、转换、路由等功能，可以根据审计需求定制个性化的数据处理流程。

二、基于大数据技术的审计非结构化数据采集

(一)非结构化数据的定义与特点

非结构化数据是指没有预先定义格式或组织方式的数据,包括文本、图像、音频、视频等多种类型。与结构化数据相比,非结构化数据具有数据量大、来源多样、格式灵活等特点。在大数据时代,非结构化数据已经成为数据总量的主要组成部分,蕴含着丰富的价值信息。

从数据规模来看,非结构化数据远远超过结构化数据。据IDC估计,目前全球数据总量中80%以上都是非结构化数据。互联网、物联网、社交媒体等新兴技术的发展,更加速了非结构化数据的爆炸式增长。海量的文本、图像、音视频等非结构化数据中,隐藏着对商业决策、科学研究、社会治理等领域至关重要的洞见。挖掘和利用这些数据,已经成为各行各业的当务之急。

从数据来源来看,非结构化数据呈现出多样性和异构性的特点。与结构化数据主要来自企业内部不同,非结构化数据的来源涵盖了互联网、移动设备、传感器等多种渠道。用户在社交媒体上发表的帖子、通过手机拍摄的照片、智能家电采集的环境参数,都属于典型的非结构化数据。这些数据分散在不同的系统和平台中,缺乏统一的格式和标准,给数据采集和处理带来了极大挑战。如何有效整合多源异构的非结构化数据,是大数据应用必须解决的基础性问题。

从数据格式来看,非结构化数据没有固定的组织模式,呈现出灵活多变的特点。结构化数据一般以表格的形式存储,有明确的行、列定义,便于计算机处理和分析。而非结构化数据缺乏这种规范的格式,其内容、语义、属性等信息以自然语言、图形图像等方式表达,难以用传统的数据管

理方法处理。针对不同类型的非结构化数据，需要采用相应的技术手段进行提取、转换和分析。例如，对于文本数据，可以使用自然语言处理、文本挖掘等技术提取关键词、情感倾向等信息；对于图像、视频数据，需要运用计算机视觉、模式识别等方法进行目标检测、场景理解等分析。

从数据价值来看，非结构化数据中蕴含着丰富的隐性知识和商业机会。相比结构化数据，非结构化数据能够更全面、更直观地反映客观事物的多样性和复杂性。例如，客户在社交媒体上的评论，不仅包含了对产品或服务的满意度评价，还体现了其情绪、偏好、行为习惯等各个维度的信息。通过分析这些非结构化数据，企业可以更加精准地把握目标客群特征，为产品优化、营销策略制定等提供有力支撑。再如，医疗领域的影像、病历等非结构化数据中，记录了疾病诊断、治疗、转归等全过程信息。利用人工智能技术深入挖掘这些数据，有望实现疾病的早期识别、个性化诊疗等医疗应用，为人类健康事业带来重大突破。

(二)非结构化数据的采集工具

在大数据时代，非结构化数据呈现出爆发式增长的态势。据统计，非结构化数据已占到全球数据总量的80%以上。这些数据蕴含着丰富的信息和价值，对于审计工作具有重要意义。然而，由于非结构化数据种类繁多、格式多样、数量庞大，采集和处理难度较大。因此，审计人员迫切需要借助先进的大数据技术和工具，实现非结构化数据的高效采集。

1. 文本挖掘技术

文本挖掘能够从海量文本数据中自动提取有价值的信息，如关键词、主题、情感倾向等。在审计工作中，审计人员可以利用文本挖掘技术对合同、报告、邮件等文本数据进行分析，快速发现其中的异常点和风险信号。例如，通过对合同文本的关键词提取和聚类分析，审计人员能够识别出合同条款中的风险条目，评估合同的合规性和风险程度。再如，利用情感分析技术对管理层邮件进行情感倾向判断，能够帮助审计人员把握企业内部的舆情动态，发现潜在的舞弊行为。

2.图像识别技术

随着数字化进程的加快，越来越多的审计证据以图片、视频等形式存在。传统的人工审阅方式难以应对海量的图像数据，而图像识别技术能够自动分析图像内容，提取关键信息。例如，利用OCR技术对扫描件、发票等财务凭证进行文字识别，能够大幅提高凭证审核的效率和准确性。又如，通过人脸识别、车牌识别等技术对监控视频进行分析，能够还原事件全貌，核实账实是否相符。图像识别技术的应用极大地拓展了审计取证的广度和深度。

3.社交网络分析

在社交媒体时代，人们在互联网上留下了大量的非结构化数据，如微博、微信、博客等。这些数据记录了个人和组织的社交行为，反映了其关系网络特征。社交网络分析技术能够挖掘这些数据，揭示其中隐藏的关联和模式。例如，通过分析审计对象的社交关系网络，识别出关键人物及其影响力，能够帮助审计人员快速锁定审计重点，提高审计效率。再如，基于社交网络的舆情分析，能够实时监测与审计对象相关的负面信息，预警潜在风险。社交网络分析为审计工作提供了一个全新的视角和途径。

4.语音识别技术

随着语音交互技术的普及，越来越多的业务流程以语音形式记录，如客服录音、会议记录等。传统的人工听音效率低下，而语音识别技术能够自动将语音转换为文本，方便后续分析。例如，利用语音识别技术对客服录音进行文本化处理，再结合关键词搜索、情感分析等方法，能够快速发现服务质量问题和客户投诉热点。又如，通过语音识别技术对会议录音进行转录，结合主题模型、关系抽取等技术进行分析，能够掌握会议的重点内容和决策过程，为审计提供有力支撑。语音识别技术让审计人员“听”到了更多有价值的信息。

三、基于大数据技术的审计数据质量与完整性验证

（一）数据质量评估方法

数据质量评估是审计大数据分析过程中的关键环节。高质量的数据是保证审计结果准确性和可靠性的前提。在大数据环境下，审计数据呈现出海量化、多源异构、动态变化等特点，这对数据质量评估提出了更高要求。审计人员需要运用系统化的方法和先进的技术手段，全面评估数据的完整性、准确性、一致性、及时性、唯一性等多个维度，确保数据质量达到审计工作的标准。

完整性是衡量数据质量的重要指标之一，它要求审计数据集中包含审计业务所需的所有字段和记录，不存在数据缺失或截断的情况。审计人员可以通过编写 SQL 语句，检查数据表中主键、外键等关键字段的完整性，识别出空值、缺失值等异常数据。同时，还需要关注数据采集和传输过程中是否存在数据丢失的风险，确保数据从源头到落地的完整性。

准确性反映了数据与客观实际的吻合程度。审计数据必须真实反映被审计对象的业务活动和财务状况，不能出现错误、失真或虚构的情况。评估数据准确性需要从两个层面入手：一是通过与权威数据源的交叉验证，如将会计凭证与银行对账单进行比对，核实数据的来源可靠性；二是利用业务规则和统计模型，甄别数据录入错误、统计异常等问题。

一致性要求不同来源、不同业务环节的审计数据在逻辑上保持协调统一,不能出现互相矛盾或冲突的情况。审计人员需要梳理数据集之间的逻辑关系,设计数据质量校验规则,自动检测数据不一致问题。常见的数据一致性问题包括字段取值范围不一致、编码格式不统一、主从表数据不匹配等。通过一致性检查,可以及时发现和纠正数据质量缺陷,提高数据可信度。

及时性衡量了数据更新的频率和时效性,是动态反映被审计对象状况的基本要求。审计数据需要与业务活动保持同步,准确记录每一笔交易、每一个事项的发生时间,为事后核查提供依据。审计人员应密切关注数据更新周期,识别数据时间戳异常、数据时滞过大等及时性问题。针对时效性要求高的关键数据,还需要构建实时数据传输和处理机制,最大限度地缩短数据生成到应用的时间差。

唯一性是指审计数据集中不应出现重复记录或冗余数据。这不仅会占用宝贵的存储资源,还可能误导审计人员的判断和决策。通过唯一性约束条件设置和重复数据检测,可以从源头遏制数据冗余问题的发生。审计人员还需要甄别语义重复的数据,即表述形式不同但内涵相同的记录,运用数据清洗、数据去重等技术进行规范化处理。

(二)数据完整性检查技术

在大数据时代,海量、多源、异构的审计数据对数据完整性提出了更高要求。传统的人工抽样检查方法已难以适应数据规模激增的挑战,亟需引入先进的技术手段,实现数据完整性的自动化、智能化检查。

借助大数据技术,审计人员可以从多个维度对数据完整性进行全面检查。首先,通过数据探查技术,可以快速识别数据集中的空值、异常值、重复值等问题,及时修正数据缺失或错误。其次,运用数据对账技术,可以比对不同来源的数据,核查数据之间的一致性,排除数据冲突或不一致的情况。再者，利用数据溯源技术，可以追踪数据的来源和变更历史，验证数据的真实性和可靠性，防止数据被篡改或伪造。

在数据完整性检查过程中，区块链技术的应用前景广阔。区块链以其去中心化、不可篡改、可追溯的特点，为审计数据的完整性提供了有力保障。通过将审计数据存储在区块链上，可以实现数据的全流程追踪和监管，任何数据的修改都会在链上留下不可磨灭的记录，从而大大提高数据的可信度。同时，智能合约技术可以自动执行数据校验规则，一旦发现数据异常即自动预警，减少人工检查的成本和错误率。

数据质量评估是数据完整性检查的重要补充，通过构建数据质量评估模型，从完整性、准确性、一致性、及时性等多个维度对数据质量进行综合评估，有助于全面诊断数据存在的问题，为后续数据治理提供决策依据。在评估过程中，机器学习算法可以自动从海量数据中学习数据特征和规律，不断优化数据质量评估模型，提升评估的智能化水平。

四、基于大数据技术的审计数据存储架构设计与优化

（一）数据存储架构的基本概念

数据存储架构是大数据系统的重要基础，它决定着海量数据的组织、管理和访问效率。一个合理的数据存储架构不仅能够满足数据存储的容量需求，还能够支撑高效的数据检索和分析，为上层应用提供高质量的数据服务。

数据存储架构通常由多个层次组成，每一层都承担着不同的功能。最底层是物理存储层，它提供了数据持久化存储的基础设施，如磁盘阵列、分布式文件系统等。在物理存储之上，逻辑存储层将底层异构的存储资源抽象为统一的数据存储池，屏蔽了底层存储的复杂性。数据模型层

则定义了数据的逻辑结构和组织方式,如关系模型、文档模型、图模型等。数据访问层提供了标准化的数据访问接口,如 SQL、REST API 等,方便上层应用快速访问和操作数据。

在大数据场景下,数据存储架构需要满足可扩展性、高可用性、高性能等关键需求。可扩展性是指存储系统能够通过横向扩展节点来线性增加存储容量和吞吐量。这就要求存储架构能够良好地支持数据的分布式存储和并行处理。高可用性是指存储系统能够接受单点故障,保障数据的安全性和业务的连续性。这就需要采用数据冗余、故障自动转移等容错机制。高性能则要求存储系统能够提供毫秒级的数据访问延迟和每秒数十万到数百万的并发处理能力。这就需要在数据分布、索引机制、缓存策略等方面进行深入优化。

(二)数据存储架构的设计原则

1. 数据集中管理

传统的审计数据分散存储在各业务系统中,数据孤岛问题严重,不利于数据的综合利用。因此,智能审计系统必须打破部门和业务的界限,实现审计数据的集中存储和管理。这不仅能够消除数据冗余和不一致,提高数据质量,还能够方便数据的关联分析和挖掘,全面提升数据价值。在实现集中管理的同时,还要根据数据的特征和用途进行合理分层,形成结构化数据层、非结构化数据层、元数据层等,便于针对性地进行数据组织和访问。

2. 可扩展性

随着审计业务的不断发展,数据量呈现爆发式增长态势。因此,数据存储架构必须具备良好的横向和纵向扩展能力,能够灵活应对数据规模的动态变化。一方面,可以通过分布式存储技术实现数据的横向扩展。将数据分散存储在多个节点上,不仅能够突破单节点存储容量的限制,还能够通过并行计算显著提升数据处理效率。另一方面,采用分层存储策略可以实现存储系统的纵向扩展。根据数据的访问频率和时效性要求,将其划分为热数据、温数据、冷数据等,分别采用不同的存储介质和策略,在满足业务需求的同时降低存储成本。

3.数据安全性和隐私保护

审计数据通常涉及敏感信息,一旦泄露将造成严重后果。因此,必须采取有效措施保障数据存储的安全性。首先,要基于角色和权限对数据访问进行严格控制,防止未经授权的用户非法读取数据。其次,要采用加密技术保护静态数据和动态传输中的数据,防范黑客窃听和篡改。同时,要建立健全的数据备份与恢复机制,定期对数据进行备份,制定应急预案,确保在系统故障或灾难情况下数据不会丢失,业务能够快速恢复。

4.高性能和实时性

智能审计对数据处理的时效性要求较高,需要能够实时或准实时地采集、存储、分析数据,快速发现问题、作出决策。因此,数据存储架构必须具备优异的性能表现,支撑高并发的数据访问和海量数据的实时计算。为此,可以采用内存数据库、列式存储、SSD 等高性能存储介质,显著提升数据读写速度。同时,应用数据压缩、索引、分区、缓存等技术优化数据的组织方式和访问路径,最小化数据查询和计算的延迟。

5.可视化和用户友好性

数据存储架构不仅要满足数据管理的需要,还要为最终用户提供便捷、高效的数据服务。这就要求存储架构能够支持灵活多样的数据展现和交互方式,如关联图、仪表盘、报表等,帮助用户直观地分析和理解数据。同时,要为不同技能水平的用户提供友好的交互界面和简化的操作流程,降低用户使用数据的门槛。

(三)数据存储架构的优化方法

随着审计数据量的爆发式增长,传统的存储架构已经难以满足海量数据的存储和处理需求。因此,审计部门需要借鉴大数据技术,不断优化数据存储架构,提高数据存储和访问效率,为智能审计奠定坚实的数据基础。

1.选择合适的存储介质

传统的磁盘存储虽然具有较高的可靠性和经济性,但在存储性能上已经难以满足海量数据的实时处理需求。因此,审计部门可以考虑引入固态硬盘(SSD)等新型存储介质,利用其高速读写和低延迟的特性,显著提升数据存储和访问的性能。同时,还可以采用分布式存储架构,将数据分散存储在多个节点上,通过并行处理和负载均衡提高数据的存储和访问效率。

2.考虑数据的组织和管理方式

传统的关系型数据库虽然具有较强的数据一致性和事务支持能力,但在处理非结构化数据和海量数据时往往力不从心。因此,审计部门可以引入NoSQL数据库,利用其灵活的数据模型和水平扩展能力,更好地支持非结构化数据的存储和处理。同时,还可以采用数据湖架构,将各种类型的数据统一存储在一个中心化的存储库中,通过元数据管理和数据治理实现数据的有效组织和管理。

第二节　基于大数据技术的审计数据分析

一、基于大数据技术的审计数据可视化与交互式分析

(一)数据可视化工具

数据可视化是一门融合了统计学、计算机科学、认知心理学等多学科知识的交叉学科。它通过对数据进行图形化的表达和展示,将抽象的数据转化为直观、生动的视觉形式,使人们能够更加容易地理解和把握数据的内在含义。在智能审计领域,数据可视化工具主要包括图表、地图、网络、树形图等多种类型,它们各具特色,适用于不同的数据分析场景。

以图表为例,它是数据可视化最常用、最基础的工具之一。柱状图、折线图、饼图等经典图表能够清晰地展示数据的分布、趋势、结构等特征,帮助审计人员快速把握数据的总体面貌。而散点图、气泡图等则更适合用于揭示数据之间的相关性和异常点。在审计工作中,审计人员可以利用图表工具对财务数据、业务数据进行多维度、多角度的分析,及时发现其中存在的异常波动和违规行为。

地图作为一种特殊的可视化工具,在空间数据分析中具有独特的优势。通过在地图上叠加数据点、热力分布等信息,审计人员能够直观地了解数据的地理分布特征,发现区域性的风险点和问题隐患。例如,在税收征管、资产管理等审计领域,地图可视化能够有效帮助审计人员识别税收洼地、资产分布不均等问题,提高审计工作的精准性和有效性。

网络可视化是近年来兴起的一种新型可视化方法,它通过节点和边的形式,展现事物之间错综复杂的关联关系。在审计工作中,网络可视化

可以用于分析企业的股权结构、资金流向、人员关系等,揭示其中可能存在的利益输送、关联交易等违规行为。与传统的树形结构相比,网络结构更加灵活多变,能够表达更加复杂的数据关系。

除了上述几种主要的可视化工具外,智能审计领域还广泛应用了各种定制化的可视化方案,如仪表盘、象形图、桑基图等。仪表盘集成了多种图表和指标,能够为审计人员提供全景式的数据洞察视角;象形图利用图标的视觉隐喻,使得审计结果更加生动直观;桑基图则适合用于表现数据流向,展示资金、业务等要素在不同主体之间的流转情况。

(二)交互式分析技术

交互式分析技术是基于大数据技术的审计数据分析中的一个重要组成部分,它通过人机交互的方式,让审计人员能够更加直观、高效地洞察数据背后的规律和问题。在大数据时代,审计数据呈现出规模巨大、来源多样、类型复杂等特点,传统的静态报表已经难以满足审计工作的需求。交互式分析技术的引入,为审计人员提供了一种全新的数据探索方式,使其能够根据自己的专业判断和分析目的,灵活地与数据进行交互,从而发现隐藏在数据中的价值。

交互式分析技术的核心在于实现人机之间的双向交流。一方面,审计人员可以通过可视化界面,以拖拽、点击、缩放等方式与数据进行交互,快速筛选出感兴趣的数据子集,并进行深入分析。另一方面,系统能够根据审计人员的操作,实时计算并动态更新分析结果,生成可视化图表,为进一步探索提供新的线索和方向。这种人机协同的分析模式,大大提升了审计数据分析的效率和精准度。

在实践中,交互式分析技术主要应用于数据可视化和多维度分析两个方面。在数据可视化方面,交互式分析技术能够将复杂的数据转化为直观易懂的图形化展示,如树状图、矩阵图、平行坐标图等,帮助审计人员快速把握数据的整体分布和变化趋势。审计人员可以通过与图表的交互，如放大感兴趣的区域、隐藏干扰项等，逐步聚焦到关键数据点，发现异常和风险。而在多维度分析方面，交互式分析技术支持审计人员从不同维度和角度切入数据，全面检查数据之间的关联和影响。例如，审计人员可以通过交互式的数据立方体，自由地选择分析维度，深入探究某个业务指标在不同时间、地域、产品等维度上的表现差异，识别出潜在的风险点和改进空间。

二、基于大数据技术的审计数据治理

(一)数据治理框架

在大数据环境下，审计数据呈现出规模巨大、来源多样、类型复杂等特点，这对数据的真实性、完整性、一致性和及时性提出了更高要求。如果没有一套科学、规范的数据治理框架作为支撑，大数据技术再先进，也难以发挥其应有的作用。

构建数据治理框架，首先需要明确数据治理的目标和原则。数据治理的根本目标是确保数据的质量和安全，为大数据审计分析提供可靠的数据基础。这就要求数据治理必须遵循真实性、完整性、一致性、及时性等基本原则，全面提升数据的规范化程度和可信赖度。同时，数据治理还应兼顾效率与合规，在满足审计业务需求的同时，严格遵守相关法律法规的要求。

在目标和原则的指引下，数据治理框架通常包括数据标准、数据质量、元数据管理、主数据管理、数据安全与隐私保护等多个方面。其中，制定统一的数据标准是实现数据互联互通、消除数据孤岛的前提。审计部门要根据业务特点，规范数据采集、存储、处理、交换等环节的标准和规程,为后续数据分析奠定基础。数据质量管理则贯穿数据治理的全过程,通过数据质量评估、数据清洗等手段,持续改进数据的准确性、完整性和一致性。元数据和主数据管理则是提高数据管理效率、确保数据高度共享的关键举措。通过元数据,可以清晰地描述数据的结构、内容和来源等关键属性;通过主数据管理,则可以实现关键业务数据的统一、规范和集中管控,从而为业务决策提供权威、可靠的依据。安全与隐私是大数据时代数据治理不可忽视的重点。审计部门一方面要采取严密的技术和管理措施,防范数据泄露、篡改、丢失等风险;另一方面,要高度重视个人隐私数据的保护,严格限定数据访问和使用的权限,最大限度地降低隐私数据的暴露风险。

(二)数据质量管理

在大数据时代,审计数据呈现出体量巨大、来源多样、类型复杂等特点,这对数据质量提出了更高要求。只有确保数据的真实性、完整性、一致性和及时性,才能为后续的数据分析奠定坚实基础,从而挖掘出有价值的审计线索和规律。

构建科学、规范的数据治理框架是数据质量管理的首要任务。数据治理框架应明确数据质量管理的目标、原则、流程和评估标准,并界定各相关方的职责权限。在此基础上,审计部门需要制定切实可行的数据质量管理制度和规范,对数据采集、存储、处理、应用等各环节提出明确要求。例如,对于数据采集,应规定数据源的可靠性、数据采集的频率和方法;对于数据存储,应明确元数据标准、主键设置等;对于数据处理,应规范数据清洗、转换和集成流程;对于数据应用,应确保数据安全和隐私保护。唯有如此,才能形成一套协调、高效的数据质量管理机制。

数据治理框架和管理制度的建立为数据质量管理提供了制度保障,而数据质量的持续改进还有赖于科学的评估方法。传统的数据质量评估往往采用抽样调查的方式，评估结果难以全面反映数据质量状况。在大数据环境下，审计部门可利用数据挖掘、机器学习等技术，对全量数据进行质量评估，从多维度量化数据的准确性、完整性、一致性等指标，并对质量问题进行根因分析，找出数据缺陷产生的原因，有针对性地制定整改措施。此外，数据质量评估不应是一次性行为，而应贯穿于数据全生命周期管理中。审计部门可定期开展数据质量“体检”，持续监测数据质量状况，不断优化数据治理流程，形成数据质量管理的良性循环。

在具体实践中，审计部门应重视数据质量问题的源头治理。一方面，要加强与数据提供方的沟通，明确数据质量要求，促进其加强数据采集和处理环节的规范化管理；另一方面，要建立数据问责和考核机制，将数据质量纳入绩效评价体系，提高相关人员的数据质量意识和责任心。与此同时，大力开展数据质量管理培训，普及数据质量知识，提升从业人员的专业能力，也是推动数据质量管理水平不断提升的重要举措。

三、基于大数据技术的审计数据分析的安全与隐私

(一)数据加密技术

在大数据时代，数据安全与隐私保护已经成为智能审计领域亟待解决的核心问题之一。海量敏感数据的采集、存储和分析处理，不可避免地面临着数据泄露、被盗用等风险。而审计工作往往涉及大量的商业机密和个人隐私，一旦发生数据安全事故，不仅会给被审计单位造成巨大经济损失，还可能危及社会公众利益。因此，采取有效的数据加密技术，建立完善的数据安全防护体系，已经成为智能审计健康发展的关键。

数据加密是保障数据安全的重要手段，它通过对原始数据进行加密转换，使得未经授权的用户即便获取了数据，也难以理解其内容，从而有

效防止数据泄露和非法窃取。在智能审计中,数据加密技术的应用主要体现在以下几个方面:

首先,审计数据的传输加密。在数据从被审计单位传输到审计机构的过程中,存在诸多安全隐患。为了防止数据在传输过程中被窃听、篡改,必须采用安全可靠的加密传输协议,如SSL、TLS等,确保数据在传输过程中的机密性和完整性。

其次,审计数据的存储加密。海量的审计数据通常存储在云端或本地的数据库中,面临着被非法入侵和窃取的风险。为了保障存储数据的安全,需要对敏感数据进行加密存储,采用AES、RSA等成熟的加密算法,将明文数据转换为密文形式,即便数据库遭到入侵,攻击者也难以直接读取数据内容。

再次,用户访问控制与身份认证。在智能审计系统中,不同的用户拥有不同的数据访问权限。为了防止用户越权访问数据,必须建立严格的访问控制机制,对用户进行身份认证,根据其角色和权限动态调整其对数据的访问范围。同时,用户的身份认证信息,如口令、生物特征等,也需要进行加密保护,防止被非法获取和冒用。

此外,数据脱敏与隐私保护也是数据加密的重要方面。在某些场景下,审计数据中可能包含个人隐私信息,如身份证号、手机号等。为了在数据分析利用的同时保护个人隐私,需要采用数据脱敏技术,对敏感信息进行掩码、混淆、加密等处理,使得这些信息即便被获取,也难以被直接识别出来,从而最大限度地保障个人隐私安全。

最后,密钥管理也是数据加密不可或缺的环节。数据加密的安全性在很大程度上取决于密钥的保密性。如何安全地生成、分发、存储和销毁密钥,是一个复杂而严谨的过程。智能审计系统需要建立完善的密钥管理机制,采用密钥分割、多方管理等方式,对密钥的全生命周期进行严格管控,防止密钥泄露导致数据安全出现漏洞。

(二)数据访问控制

在大数据环境下,审计数据呈现出海量、多源异构、动态变化等特点,这对数据访问控制提出了更高的要求。传统的自主访问控制(DAC)和强制访问控制(MAC)已难以满足大数据审计的安全需求。因此,亟需构建一套全面、灵活、高效的数据访问控制机制,以确保审计数据的机密性、完整性和可用性。

1. 基于角色的访问控制(RBAC)

RBAC 通过引入“角色”这一中间层,将用户和权限解耦,大大简化了权限管理的复杂度。在 RBAC 模型中,用户通过被赋予适当的角色来获得相应的访问权限。这种方式不仅增强了系统的灵活性和可扩展性,还能有效防止权限的过度分配和滥用。针对大数据审计的特点,可以进一步扩展 RBAC 模型,引入时间、地点、上下文等动态约束因素,实现更加精细化的访问控制。

2. 属性访问控制(ABAC

除了 RBAC,另一种值得关注的数据访问控制技术是属性访问控制(ABAC)。ABAC 不再简单地基于主体的身份或角色来判断访问权限,而是根据主体、客体和环境属性的动态组合来做出更加智能化的决策。例如,在 ABAC 模型下,系统可以根据审计人员的职务级别、数据的敏感度、访问时间和地点等多重属性来综合评估其访问合法性。这种细粒度的控制方式尤其适用于大数据环境下的复杂应用场景。

(三)隐私保护措施

在大数据时代,隐私保护已经成为智能审计领域亟待解决的重大问题。随着审计数据规模的不断扩大和数据类型的日益丰富,传统的隐私保护措施已经难以满足新形势下的安全需求。为了确保审计数据分析工作的顺利开展,维护相关主体的合法权益,智能审计必须在技术和管理两个层面,采取有针对性的隐私保护措施。

1.数据脱敏

通过对原始数据进行加密、混淆、假名化等处理,可以有效地隐藏敏感信息,防止隐私泄露。在具体实践中,可以运用多种数据脱敏技术,如数据加密、数据掩码、差分隐私等。其中,同态加密作为一种新兴的加密技术,能够在保护数据隐私的同时,支持对密文数据进行分析和处理,为智能审计中的隐私保护提供了新的解决方案。

2.制定隐私保护政策

隐私保护政策应明确规定审计数据的收集、存储、使用、共享、销毁等各个环节的安全要求,为审计人员的行为提供规范和指引。在制定隐私保护政策时,应该充分考虑法律法规的要求,并结合行业特点和组织实际,制定切实可行的保护措施。同时,还应该加强隐私保护意识的宣传教育,提高审计人员的责任心和道德水准,使其自觉遵守隐私保护政策,维护数据安全。

3.数据生命周期管理

审计数据从产生到销毁,经历了收集、传输、存储、处理、应用等多个阶段,每个阶段都存在隐私泄露的风险。因此,智能审计必须对数据的整个生命周期进行全面管理,明确各个阶段的隐私保护要求,并采取相应的安全措施。例如,在数据收集阶段,应该遵循“合法、正当、必要”的原则,最小化收集用户隐私;在数据存储阶段,应该采用加密、访问控制等技术,防止未经授权的访问和窃取;在数据销毁阶段,应该彻底删除数据,避免隐私信息的二次泄露。

第三节　基于大数据技术的审计风险管理

一、基于大数据技术的审计风险识别与评估

(一)风险识别方法

大数据技术的广泛应用为审计风险识别提供了新的思路和方法。传统的审计风险识别主要依赖于审计人员的经验判断和抽样调查,存在主观性强、效率低下等问题。而大数据技术则能够从海量数据中快速发现异常点和风险因素,大大提高风险识别的准确性和全面性。

1.构建全面的数据采集机制

数据采集机制包括内部数据如财务报表、业务流程记录等,也包括外部数据如行业信息、宏观经济指标等。通过整合多源异构数据,可以全景式地刻画被审计单位的经营状况和风险概况。在数据采集的基础上,需要运用数据挖掘、机器学习等技术,从数据中提取有价值的风险信息。常用的方法包括聚类分析、关联规则挖掘、异常检测等。聚类分析能够将相似的数据对象归为一类,发现具有共同特征的风险群体。关联规则挖掘能够揭示不同风险因素之间的内在联系,帮助理解风险传导机制。异常检测则侧重于识别偏离正常模式的数据点,及时预警潜在风险。

2. 与领域知识深度融合

仅凭数据本身往往难以准确判断风险的性质和严重程度,必须结合审计专业知识和被审计单位的业务特点进行综合分析。这就要求审计团队既要掌握大数据分析技能,也要具备扎实的审计功底和行业洞见。只有将技术与经验、数据与场景有机结合,才能真正实现精准、高效的风险识别。

(二)风险评估指标

在基于大数据技术进行审计风险评估时,设计科学、全面的风险评估指标体系至关重要。一套有效的风险评估指标能够帮助审计人员从海量数据中准确识别潜在风险,量化风险程度,进而为制定有针对性的风险管控措施提供依据。风险评估指标的设计应遵循系统性、动态性、针对性等基本原则,充分考虑被审计对象的行业特点、业务流程以及内外部环境变化等因素。

审计风险评估指标体系通常包括财务风险、运营风险、合规风险等几大类。在财务风险方面,常用的指标有资产负债率、流动比率、应收账款周转率等,这些指标能够反映企业的偿债能力、营运能力和盈利能力。运营风险指标则侧重于企业内部控制、业务流程等方面,如采购与付款循环内控指标、存货管理内控指标等。而合规风险指标主要衡量企业遵守法律法规、行业规范的情况,如税务合规指标、环保合规指标等。

大数据技术的应用极大地丰富了风险评估指标的内涵和外延。传统审计主要依赖于财务报表数据,风险评估指标相对单一。而在大数据环境下,审计人员可以充分利用结构化、非结构化数据,设计出更加多元、立体的指标体系。例如,通过分析企业邮件、合同等非结构化数据,可以识别出潜在的舞弊风险;利用行业数据、宏观经济数据,可以评估企业所面临的系统性风险;整合企业内部业务流程数据和外部供应链数据,能够全面评价企业运营风险。

然而,大数据带来的海量异构信息也对风险评估指标的设计提出了新的挑战。审计人员需要具备扎实的专业知识和数据分析能力,从纷繁复杂的数据中提炼出最能反映风险的关键指标。同时,指标设计还要兼顾数据的可获得性和处理效率,避免选择过于复杂或难以量化的指标。在实践中,可以采用层次分析法、德尔菲法等方法,征询领域专家意见,优化指标筛选和权重赋值。

二、基于大数据技术的审计风险监控与预警系统

(一)风险监控指标体系

随着大数据时代的到来,海量数据的产生和积累为审计风险监控提供了前所未有的机遇。传统的审计风险监控主要依赖于人工抽样和判断,存在效率低下、覆盖面窄、时效性差等问题。而基于大数据技术构建审计风险监控指标体系,可以有效克服这些不足,实现对审计对象的全面、实时、动态监控。

审计风险监控指标体系的构建应遵循科学性、系统性、针对性、可操作性等原则。首先,指标体系应能够全面反映审计对象的风险状况,涵盖财务风险、经营风险、合规风险等各个方面。其次,指标之间应具有内在的逻辑关联,形成系统化的风险解释框架。再者,指标的设计应紧密结合审计对象的行业特点、业务模式、组织架构等,具有针对性和适用性。最后,指标还应具备可计量、可获取、可比较等特征,便于实际应用。

在具体设计审计风险监控指标时,可以围绕审计对象的关键风险点,从定量和定性两个维度入手。定量指标侧重于对风险的量化衡量,如财

务指标、业务指标、效率指标等。这些指标的阈值设定和动态调整，可以借助大数据挖掘技术，从海量历史数据中学习和优化。定性指标侧重于对风险的综合判断，如内控指标、声誉指标、舞弊指标等。这些指标的评估可以结合专家经验、行业对标、舆情分析等多种方法。

审计风险监控指标体系的应用应与审计全过程紧密结合。在审计计划阶段，指标体系可以助力审计项目的风险评估和资源配置。在审计实施阶段，指标体系可以指导审计程序的设计和执行，聚焦高风险领域和关键控制点。在审计报告阶段，指标体系可以支撑审计发现的分析和问题成因的揭示。在持续审计阶段，指标体系可以实现对被审计单位的动态监控和及时预警。

（二）实时预警机制

在海量数据时代，传统的事后审计模式已经难以应对日益复杂的经济环境和不断变化的风险因素。因此，构建实时、动态、智能化的审计风险预警机制，对于及时发现和应对潜在风险，维护企业健康运行具有重要意义。

实时预警机制的核心在于利用大数据技术，对企业的财务数据、业务数据进行持续监测和分析，通过设置科学合理的预警指标体系，实现对异常情况的自动识别和警示。具体而言，审计人员可以基于企业的战略目标、行业特点、风险偏好等因素，确定关键风险领域和核心监控指标，如现金流量、存货周转率、应收账款周转率等。然后，利用大数据平台和智能算法，对海量数据进行采集、清洗、整合，并进行实时计算和智能分析。一旦监测到某项指标异常变动或超出预设阈值，系统就会自动触发预警，并生成风险提示报告，提醒审计人员及时关注和处置。

实时预警机制并非一蹴而就，而是需要在实践中不断完善和优化。审计人员要根据企业实际情况，动态调整预警指标体系和阈值设置，提高预警的针对性和有效性。同时，还要重视预警信息的分级分类管理，针对不同风险等级采取差异化的应对措施。对于一般性风险，可以通过优化业务流程、完善内部控制等措施加以防范；而对于重大风险，则需要启动应急预案，采取果断措施，将风险影响降到最低。

实时预警机制的有效运行，离不开数据质量的保障和人才队伍的建设。一方面，要加强数据治理，建立健全数据标准和数据管理制度，确保数据的真实性、完整性、一致性。审计人员要严把数据采集和录入关，加强数据分析和应用能力，提高数据价值的转化水平。另一方面，要加快审计人才的转型升级，既要引进和培养熟悉大数据技术的复合型人才，也要加强审计团队的业务能力和职业素养，培养具有全局意识、战略思维、风险意识的高素质审计队伍。

（三）异常事件检测

异常事件检测的核心在于建立合理的基线模型，即根据历史数据和业务规则，确定正常交易或行为的特征和模式。一旦实际数据偏离基线模型设定的阈值，就可以判定为异常事件并触发预警。常用的异常检测方法包括统计学方法、机器学习方法和深度学习方法等。统计学方法通过计算数据的统计量，如均值、方差、相关系数等，判断数据点是否偏离正常分布；机器学习方法则通过训练分类器或聚类模型，自动识别异常模式；深度学习方法利用神经网络强大的特征提取和抽象能力，从复杂数据中学习异常特征。

在实际应用中，异常事件检测需要与业务场景紧密结合，综合考虑数据特点、业务规则和风险偏好等因素。以员工费用报销为例，可以从报销金额、报销频率、报销类别等维度设置异常阈值，如单笔报销金额超过 5 万元、月度报销次数超过 10 次、出现从未报销过的新类别等，都可能预示着潜在的违规风险，需要引起审计人员的警惕。再如在银行业务中，可以从交易金额、交易对手、交易时间等方面入手,识别出超大额交易、与高风险对手频繁交易、在非工作时间或节假日交易等异常行为,有助于及时发现和遏制欺诈、洗钱等违法违规行为。

(四)预警信息处理流程

预警信息处理流程是基于大数据技术的审计风险监控与预警系统的关键环节,其科学性和有效性直接影响着系统的运行质量和预警效果。构建规范、高效的预警信息处理流程,需要综合考虑审计风险的特点、大数据技术的应用以及组织管理的需求,进行系统化的设计和优化。

1.预警信息的采集是处理流程的基础

审计风险具有隐蔽性、复杂性和动态性等特点,传统的信息采集方式难以全面、及时地识别潜在风险。借助大数据技术,可以从海量、异构的数据源中快速提取与审计风险相关的信息,如财务数据、业务数据、外部市场数据等。同时,还可以利用网络爬虫、智能感知等技术,实时捕获各类风险事件和舆情信号。多渠道、多维度的信息采集,为后续的风险分析和预警奠定了数据基础。

2.预警信息的分析是处理流程的核心。

海量的风险信息如果缺乏有效的分析和挖掘,就无法转化为有价值的预警线索。运用大数据分析技术,可以从不同维度对采集到的信息进行综合研判。例如,通过聚类分析识别风险事件的共性特征,通过关联分析挖掘风险因素之间的内在联系,通过时序分析预测风险的发展趋势。深入的数据分析能够揭示风险的成因、规律和影响,为预警决策提供科学依据。

3.预警信息的评估是处理流程的关键

并非所有的风险信息都需要发出预警，关键在于评估风险的严重程度和紧迫性。评估过程应充分吸收专家的经验智慧，建立科学的评估指标体系，综合考虑风险发生的可能性、影响范围、损失程度等因素。对于评估结果超出预设阈值的高风险信息，要及时报送相关部门，启动预警响应机制。同时，还要对预警信息进行优先级排序，确保有限的资源投向最需要关注的风险领域。

4.预警信息的反馈与应对是处理流程的目的所在

预警信息的价值在于指导风险防控的实践，而不是停留在纸面报告上。一方面，要建立预警信息的共享机制，确保风险信息在组织内部得到充分传递和利用。各业务部门可以根据预警信息调整工作重点，强化风险应对措施。另一方面，要对预警处置情况进行持续跟踪和反馈，评估风险应对的效果，必要时启动预案和应急处置。通过预警、反馈、调整的良性循环，不断提升组织的风险管理水平。

三、基于大数据技术的审计风险应对

（一）风险应对策略

审计风险应对策略是审计工作的关键环节，对于确保审计质量、提高审计效率具有重要意义。在大数据时代背景下，海量数据为审计风险应对提供了新的视角和路径，但同时也带来了新的挑战。因此，审计人员必须与时俱进，创新风险应对策略，充分利用大数据技术的优势，提升风险防控能力。

1.坚持全面性原则

大数据技术能够帮助审计人员从海量数据中发现隐藏的风险点,实现对审计对象的全方位监控。这要求审计人员突破传统的抽样审计思路,从全量数据入手,运用数据挖掘、机器学习等技术,深入分析业务流程、内部控制、财务数据的异常模式,及时揭示潜在风险。同时,审计人员还应关注结构化数据和非结构化数据的融合分析,挖掘文本、图像、音频等非结构化数据中蕴藏的风险信息,实现对审计风险的全覆盖式识别和评估。

2.体现前瞻性特点

传统的审计风险应对往往侧重于事后控制,难以有效预防风险的发生。而大数据分析能够帮助审计人员基于历史数据,预测未来可能出现的风险事件,实现从被动应对向主动防范的转变。审计人员可以通过构建风险预测模型,分析风险成因,量化风险损失,为制定有针对性的风险应对方案提供依据。这种前瞻性的风险管理模式不仅能够降低审计成本,更能从源头上遏制违规违法行为的发生。

3.强调动态性

在瞬息万变的商业环境中,审计风险具有很强的动态演化特性。某些曾经被认为风险较低的领域可能会因为外部环境或内部管理的变化而暴露出新的问题。因此,审计风险应对不能是一蹴而就的,而应该是一个持续改进的过程。审计人员需要构建实时的风险监测机制,持续收集和分析内外部数据,动态评估风险水平,并根据风险变化及时调整应对策略。只有建立起敏捷、灵活的风险应对机制,才能确保审计工作与业务发展同步,有效管控动态演进的风险。

4. 注重协同性

大数据的价值在于打通了各个业务条线、各个管理部门的数据壁垒，为实现部门协同、流程贯通提供了可能。审计人员应充分利用这一优势，加强与业务部门、IT部门的沟通合作，建立数据共享和业务协同机制。通过数据融合和业务联动，审计人员能够更全面地了解业务运营状况，更精准地识别风险点，更有效地推动问题整改。这种多部门协同的风险应对模式能够提高审计工作的针对性和有效性，形成全员参与、共同防控的良好局面。

(二)风险应对流程

风险应对是审计工作中的重点环节，其目的在于控制和降低已识别的风险，将其影响降至可接受水平。在大数据时代，传统的风险应对方法已难以适应海量、多源、动态变化的数据环境，亟需引入新技术、新方法，优化风险应对流程。

基于大数据技术的风险应对流程可分为风险评估、制定应对策略、实施控制措施、监督评价四个阶段。首先，审计人员需要借助大数据分析工具，全面评估已识别风险的性质、来源、影响程度等，判断其发生的可能性和严重性。在此基础上，针对不同风险类型和风险等级，制定差异化的应对策略，包括风险规避、风险转移、风险缓释和风险接受。

风险规避是指在风险发生前采取措施，消除风险产生的根源或条件，从而避免风险的策略。例如，对于数据质量风险，可通过完善数据治理体系，建立数据标准，加强数据清洗等措施，从源头上杜绝错误、不完整的数据。风险转移是指将风险的不利后果转嫁给第三方，如购买保险、外包风险管理等。风险缓释是指采取控制措施，降低风险发生的可能性或影响程度，如建立实时监控预警机制，及时发现和处置异常情况。风险接受则是在全面评估的基础上,有意识地承担某些风险,但需制定相应的应急预案。

在制定应对策略时,大数据技术可提供更加科学、精准的决策支持。通过梳理海量历史数据,挖掘风险事件的模式、规律,并结合专家经验,可建立风险应对知识库和案例库,为类似风险提供可借鉴、可复制的处置方案。利用机器学习算法,还可基于多维因素,模拟推演不同情景下的风险应对效果,优选最佳策略组合。

风险应对策略确定后,需抓好落实,将控制措施嵌入到审计业务流程及信息系统中。内部控制、授权审批、问责机制等传统控制手段仍不可或缺,但也要积极运用大数据技术武装风险控制。如部署智能合约,借助区块链技术的不可篡改、可追溯特性,强化交易真实性验证和责任追究。再如,引入自然语言处理、知识图谱等人工智能技术,智能分析合同、公告等非结构化数据,自动识别其中的风险条款、违规事项。

风险控制贯穿审计全过程,大数据技术可实现对风险的动态、持续监控。传统的事后、抽样式检查难以及时发现新生风险,而实时采集和计算海量数据,构建审计风险监测模型,能够智能感知风险事件,触发预警,形成常态化、立体化的风险监控网。同时,大数据也为事后风险应对效果评价提供支撑。横向比较分析不同时期、不同主体的风险水平变化,纵向追踪特定风险点的处置过程和结果,并辅以统计分析、相关分析、因果分析等,可客观评判风险应对的有效性,持续优化完善。

第三章　AI 技术在审计中的创新应用

第一节　AI 技术在审计分析中的应用

一、自然语言处理在审计文本分析中的应用

（一）文本数据预处理

审计工作往往涉及大量的非结构化文本数据，如合同、发票、财务报表、工作报告等。这些文本数据通常存在着格式不一、内容冗余、噪音较多等问题，直接进行分析难以取得理想效果。因此，需要对原始文本数据进行一系列预处理操作，将其转化为结构化、规范化的形式，为后续的关键字提取、语义分析等环节奠定基础。

1. 文本清洗

文本清洗主要包括去除文本中的 HTML 标签、特殊符号、空格、数字等无关信息，将文本转化为纯粹的自然语言序列。同时，还需要对文本进行分句和分词处理。分句即将篇幅较长的文本切分为若干个独立的句子；分词则是利用自然语言处理工具将句子进一步拆分为一个个独立的词语。这两个步骤可以帮助计算机更精准地理解文本内容，为语义分析创造条件。

2. 词性标注和命名实体识别

词性标注即判断每个词语在句子中的词性（如名词、动词、形容词

等），揭示词语的语法功能。命名实体识别则是从文本中抽取出人名、地名、机构名等特定类型的实体，这对于理解文本的核心内容具有重要意义。以审计工作为例，识别出报告中提及的关键人物、涉案单位等信息，有助于迅速锁定审计重点。

3. 停用词去除和词干提取

停用词是指在文本中大量出现但缺乏实际意义的词语，如“的”、“了”、“和”等。去除这些词可以消除无效信息，突出文本主题。词干提取则是将不同词性变化的同一词语归并为同一词干，如“学习”、“学过”、“学”都提取为“学”。这一操作可以减小词汇量，提高文本处理效率。

（二）关键字提取

关键字提取是自然语言处理领域的一项重要技术，它旨在从文本数据中自动识别和提取能够概括文本主题的关键词或关键短语。在审计领域，关键字提取可以帮助审计人员快速定位审计报告、财务报表、合同等文本材料中的核心内容，提高审计效率和质量。

传统的关键字提取方法主要依赖于词频统计和 TF－IDF 等无监督算法，它们通过计算词语在文本中出现的频率或权重来评估其重要性。然而，这些方法往往忽略了词语间的语义关联，难以准确捕捉文本的深层含义。随着深度学习技术的发展，基于神经网络的关键字提取方法逐渐成为主流。这些方法能够学习词语的分布式表示，挖掘词语间的语义关系，从而更加精准地识别关键信息。

在审计文本分析中应用关键字提取技术，首先需要对文本数据进行预处理。这包括分词、去停用词、词性标注等步骤，旨在将非结构化的文本转化为结构化的特征表示。在此基础上，可以使用各种关键字提取算法进行关键信息的挖掘。例如，TextRank 算法通过构建词语间的共现关系图，利用图论中的PageRank思想计算词语的重要性得分；而BERT等预训练语言模型则能够生成词语的上下文相关表示，再结合注意力机制等方法实现关键字的抽取。

关键字提取的结果可以应用于审计工作的多个环节。在审计计划阶段，审计人员可以通过分析大量历史审计报告中的关键词，快速了解不同行业、不同业务的关注重点和风险领域，为制定审计计划提供参考。在审计实施阶段，关键字提取可以帮助审计人员快速定位财务报表、合同等文本材料中的异常信息，识别潜在的舞弊风险。例如，如果一份合同中频繁出现“现金”、“返利”等敏感词，就可能暗示存在非法现金交易或商业贿赂等问题。在审计报告阶段，审计人员可以利用关键字提取技术自动生成审计结论和重点关注事项，提高报告撰写的效率和规范性。

(三)语义分析

语义分析是自然语言处理中的一个重要分支，旨在揭示文本数据的深层次含义。在审计领域，语义分析技术为挖掘审计文本数据中隐藏的潜在风险和违规行为提供了有力工具。传统的审计文本分析方法主要依赖于关键词匹配和字符串搜索，难以全面把握文本的语义信息。而语义分析技术则通过建立语言模型，对词语的上下文语境进行建模，从而理解词语在特定语境下的确切含义。

语义分析在审计领域的应用主要包括以下几个方面：一是对审计报告进行语义建模，自动抽取审计意见、强调事项段、关键审计事项等关键信息，梳理审计逻辑，评估审计质量；二是对合同协议进行语义分析，识别合同条款中的风险点，如违约责任、争议解决方式等，为合同审核提供依据；三是对业务邮件进行语义挖掘，发现潜在的舞弊线索，如异常的资金往来、刻意模糊的表述等。

将语义分析技术应用于审计领域，可以从多个层面提升审计工作的智能化水平。首先,语义分析可以帮助审计人员快速理解审计对象的业务运营状况,把握财务数据背后的业务逻辑,全面评估财务报表的质量。其次,语义分析可以从海量业务数据中自动发现异常模式和违规线索,为进一步的调查和取证提供方向。再次,语义分析可以从审计工作底稿中提炼关键信息,评估审计证据的充分性和适当性,辅助出具审计意见。

二、机器学习在审计数据异常检测中的应用

(一)异常检测算法

异常检测算法作为机器学习在审计数据分析中的重要应用,其目的是从海量的交易记录中甄别出可疑或欺诈交易。常见的异常检测算法包括基于统计学的方法、基于距离的方法和基于密度的方法等。这些算法利用数据特征,通过建立正常交易的模型,从而识别出偏离正常模式的异常数据点。

基于统计学的异常检测方法通过对数据的均值、方差等统计量进行建模,识别出超出正常阈值范围的数据点。例如,在财务数据审计中,可以计算各项财务指标的均值和标准差,将偏离均值超过 3 倍标准差的数据标记为异常。这种方法实现简单,计算效率高,但对数据分布有一定假设,对非高斯分布数据的异常检测效果有限。

基于距离的异常检测方法计算数据点之间的距离,认为距离其他数据点较远的点为异常点。常用的距离度量包括欧氏距离、马氏距离等。以 k 近邻算法为例,通过计算每个数据点与其最近 k 个邻居的平均距离,将距离显著大于其他点的数据识别为异常。基于距离的方法不要求数据服从特定分布,适用范围更广,但计算复杂度较高,难以处理高维数据。

基于密度的异常检测方法从数据密度的角度定义异常,认为密度显

著低于其他区域的数据点为异常点，典型的算法包括 LOF(Local Outlier Factor)等。以 LOF 为例，它通过比较数据点与其邻域内其他点的局部密度，得到反映数据异常程度的 LOF 值。这类方法能够发现局部异常，对复杂数据分布和数据维度鲁棒，但计算开销大，参数敏感。

在实际的审计数据分析中，异常检测往往面临数据高维、分布未知、数据量大等挑战。因此，需要综合利用多种异常检测算法，并与领域知识相结合，才能有效发现隐藏在数据中的问题线索。同时，异常检测的结果也需要由审计专家进一步核查，排除误警，最终确认异常情况。

随着深度学习技术的发展，一些先进的异常检测方法，如基于自编码器、生成对抗网络的算法也被引入到审计领域。这些算法通过学习数据的高阶特征和内在表示，构建正常数据的模型，进而识别异常数据。与传统机器学习方法相比，深度学习异常检测具有特征提取能力强、适应复杂数据等优势，为审计数据分析带来了新的契机。

(二)数据特征选择

审计数据通常包含大量的属性和维度，如交易金额、交易时间、交易对象等。然而，并非所有的属性都与异常交易的识别直接相关。一些冗余或无关的特征不仅会增加计算负担，降低检测效率，还可能引入噪声，影响异常检测的准确性。因此，有必要在异常检测建模之前，对原始审计数据进行特征选择，筛选出那些与异常交易高度相关、信息量大的关键特征。

特征选择的方法可分为过滤式、包裹式和嵌入式三大类。过滤式方法根据特征本身的统计特性，如方差、相关系数等，独立地评估各个特征的重要性，然后选择得分最高的特征子集。这种方法计算简单，速度快，但未考虑特征之间的交互作用。包裹式方法将特征选择看作一个特征子集搜索问题，通过反复训练评估模型，最终选择能使模型性能最优的特征子集。这种方法虽然考虑了特征间的相互影响,但计算开销大,易陷入过拟合。嵌入式方法则在机器学习模型的训练过程中自动进行特征选择,如 L1 正则化能使部分特征系数趋近于 0,从而实现特征稀疏化。这种方法兼顾了特征选择的有效性和计算效率。

在审计数据异常检测中,研究人员常用的特征选择方法包括基于相关性的过滤、递归特征消除、基于树模型的特征重要性评估等。基于相关性的过滤通过计算每个特征与标签变量之间的相关系数,选出与异常标签高度相关的特征。但这种方法容易受异常值的影响,导致相关系数失真。递归特征消除通过反复训练模型,每次剔除若干最不重要的特征,直至达到预设的特征数量。这种方法能自动确定最优特征子集的大小,但可能错误地删除一些有价值的特征。基于树模型的特征重要性评估利用随机森林等集成学习模型,根据每个特征在树的分裂过程中的贡献度来评判其重要性。这种方法能有效捕捉特征间的非线性关系,但对数据的随机抽样较为敏感。

三、强化学习在审计决策支持中的应用

(一)决策模型构建

强化学习是一种基于奖励反馈的机器学习范式,它通过智能体与环境的交互,不断优化决策策略,最终实现长期回报最大化的目标。将强化学习引入审计决策支持领域,可以帮助审计人员在海量、动态的业务数据中快速发现问题,提出优化建议,提升审计工作的针对性和有效性。

构建审计决策支持的强化学习模型,首要任务是明确决策目标和约束条件。审计工作的核心目标是识别财务报表重大错报风险,揭示内部控制缺陷,提高财务信息质量。因此,强化学习模型的奖励函数设计应紧

紧围绕这一目标，将发现重大错报、揭示内控问题的行为给予正向激励，而对审计失败、风险遗漏的行为进行惩罚。同时，还要考虑审计资源投入、时间成本等约束条件，在保证审计质量的前提下，最大化审计效率。

在明确目标函数后，需要对审计业务流程进行抽象建模，将其转化为马尔可夫决策过程。这需要从海量审计业务数据中提取关键特征，刻画审计任务的状态空间，同时总结审计人员的常用操作，构建动作空间。特征选择是关键，要能够全面反映被审计对象的财务状况、内控水平、经营风险等，为智能体提供丰富的环境信息。动作空间的设计则要兼顾全面性和可操作性，既要涵盖各类审计程序，如实质性测试、控制测试等，又要适当归并、简化，避免动作过于复杂导致学习效率低下。

对于审计决策这类复杂任务而言，通常需要采用深度强化学习模型等。这些模型能够利用深度神经网络强大的特征提取和函数拟合能力，从高维观察数据中学习到最优决策策略。以DQN为例，它使用卷积神经网络作为Q函数的近似，将原始的业务数据或中间特征作为输入，输出各个审计操作的预期长期回报。在训练过程中，DQN通过最小化时序差分误差，实现策略迭代更新，最终得到一个能够应对复杂审计环境的决策模型。

在实际应用中，审计决策支持模型通常需要与业务系统紧密集成，实现数据自动提取、特征实时更新、决策在线生成等。这对模型的工程实现和部署提出了较高要求，需要解决数据预处理、特征存储、模型服务等一系列问题。此外，模型决策结果的可解释性也很关键。审计工作关乎企业的合规和声誉，决策过程必须经得起推敲。需要模型能够给出决策依据，并支持审计人员的介入和调整。这可以通过规则引擎与机器学习模型相结合、增加注意力机制等技术手段来实现。

(二)实时决策支持

强化学习赋予了机器自主做出最优审计决策的能力。传统的审计决策支持系统主要依赖于预先设定的规则和专家经验,在面对复杂多变的业务场景时往往捉襟见肘。而强化学习则通过设计奖励函数,引导智能体在海量历史数据中不断尝试、学习,寻找最优决策路径,从而实现实时、动态、个性化的审计决策支持。

在强化学习驱动的审计决策支持系统中,审计业务流程被抽象为一个马尔可夫决策过程。系统将审计项目的各种属性参数作为状态空间,将审计人员可能采取的各类审计行动作为动作空间,并根据审计目标设计奖励函数。通过不断与环境互动,智能体可以逐步学习到一个最优的审计决策策略。当面临新的审计项目时,系统可以实时评估项目状态,并根据学习到的策略做出最优决策,如确定审计重点、选择审计程序、分配审计资源等,大大提升了审计决策的科学性和有效性。

以某企业的采购审计项目为例,审计决策系统首先提取项目的关键特征,如采购金额、供应商信用、合同条款等,将其作为状态向量输入强化学习模型。同时,将审计措施库中的各类审计程序抽象为可选动作,并设计一个综合考虑审计成本、违规风险等因素的奖励函数。通过海量历史项目数据的训练,系统学习到一个最优审计策略。当新的采购项目出现时,系统即可根据项目状态给出最优决策方案,如重点关注高风险供应商、采取突击抽查等程序,并动态调整审计方案,最终实现审计质量和效率的双提升。

强化学习还可以与其他 AI 技术相结合,进一步赋能审计决策。例如,利用图神经网络可以建模企业的复杂业务网络,揭示风险传导路径;结合对抗生成网络,可以自动生成有针对性的审计线索和问题样本,提升审计的发现力。通过多智能体强化学习,还可以模拟多方博弈场景,为注册会计师内控制度设计、舞弊风险防范等提供决策支持。智能审计系统可以与专家知识相结合,形成人机协同的混合增强智能范式,既发挥机器在海量数据处理、实时计算方面的优势,又借助人类的经验洞见和综合判断力,不断优化审计决策模型。

第二节　AI 技术在审计报告与结果展示中的应用

一、自然语言处理在审计报告生成中的应用

(一)审计报告自动生成

审计报告自动生成是 AI 技术在审计领域的重要应用之一。传统的审计报告撰写过程往往耗时耗力,需要审计人员耗费大量精力收集、整理、分析审计证据,并以规范化的语言进行表述。这一过程不仅效率低下,而且容易出现遗漏或表述不当等问题,影响审计报告的质量和可信度。

随着自然语言处理技术的快速发展,利用 AI 算法自动生成审计报告已成为可能。通过对海量审计案例数据进行深度学习,AI 系统能够掌握审计报告的基本框架、关键要素和语言风格,并根据输入的审计证据智能地生成符合要求的报告初稿。这不仅极大地提高了审计报告撰写的效率,减轻了审计人员的工作负担,更重要的是,AI 生成的报告能够保证内容的全面性、数据的准确性和表述的规范性,从而提升审计报告的整体质量。

审计报告的自动生成绝非简单的文本拼接或模板套用,高质量的审计报告需要对审计对象有深入的了解,对审计发现能够做出专业的判断

和解释。这就要求AI系统不仅要掌握审计知识和报告撰写技巧,还需要具备一定的分析推理能力。为此,研究者正努力将知识图谱、因果推理等前沿技术引入审计报告自动生成,赋予AI更强大的认知和逻辑能力。同时,AI生成的报告也离不开人工专家的复核和把关。审计报告关系到企业的信誉甚至是资本市场的稳定,任何错误或疏漏都可能带来严重后果。因此,自动生成只是辅助手段,报告的最终签发还需要审计专家严格把关,确保其专业性和权威性。

(二)审计报告语言优化

从规范化的角度来看,AI技术可以借助大数据对海量审计报告进行语料分析,总结出审计领域常用词汇、语言表达习惯,形成一套标准化的审计报告撰写规范。基于该规范对审计报告进行自动校对和优化,有助于统一审计报告的语言风格,提高表述的规范性和一致性。同时,AI还能够对照相关法律法规和行业标准,识别审计报告中的语言表达是否合规、准确,及时发现和纠正不当用语,确保报告内容严谨、专业。

从精准化的角度来看,AI技术可以运用知识图谱、语义分析等方法,准确理解审计报告中的关键信息,并以更加简洁、明了的方式呈现出来。例如,对于审计中发现的重大风险事项,AI可以自动提取关键词,生成风险提示卡片或信息图表,使风险信息一目了然,便于管理层快速决策。又如,利用自然语言生成技术,AI能够根据审计数据和分析结果,自动撰写审计结论和建议,用简明扼要的语言阐述审计发现,提高报告的信息含量和可读性。

从人性化的角度来看,AI技术可以结合不同利益相关方的阅读习惯和信息需求,对审计报告的语言风格、篇幅长度等进行个性化定制。例如,面向公司管理层的审计报告可以更加简明扼要,突出审计发现对公司经营的影响;面向监管机构的审计报告则可以更加详实完备,重点阐述审计程序的合规性。此外，AI 还能够将审计报告转化为多种形式，如语音报告、视频报告等，满足不同受众的阅读偏好，提升审计信息获取的便捷性。

（三）审计报告内容校验

在审计报告编制和披露过程中，内容的准确性和合规性是维护审计公信力的关键。然而，由于审计报告涉及专业性较强的会计和审计术语，且需要遵循严格的信息披露规范，审计人员在报告撰写过程中难免会出现疏漏或错误。这不仅会影响审计质量，甚至可能引发法律纠纷和信任危机。因此，有必要引入先进的技术手段，对审计报告内容进行智能化校验，从而提升审计报告编制的规范性和准确性。

人工智能技术的飞速发展为审计报告内容校验提供了新的解决方案。自然语言处理技术可以通过对审计报告文本进行语义分析，快速识别报告中的关键信息，如审计意见类型、财务报表项目、重大事项等，并与相关会计准则、审计准则进行比对，自动检查报告内容是否符合信息披露要求。对于识别出的疑似错误或不合规之处，系统可以实时提示审计人员进行复核和修正。这种智能化的内容校验方式，不仅能够显著提高审计效率，减轻审计人员的工作负荷，更能最大限度地规避人工检查易出现的遗漏或失误。

人工智能还可以通过机器学习算法，不断总结和学习审计报告撰写的经验和教训，自动优化校验规则和标准。随着训练数据的不断积累和算法的迭代更新，审计报告内容校验的智能化水平将持续提升。系统不仅能够准确识别显性的错误和不合规问题，还能够通过深度学习，发现隐藏在数据背后的异常模式和风险信号，为审计人员提供更全面、更精准的决策支持。

智能化的审计报告内容校验不仅能够有效提升审计报告编制质量，

也是推动审计流程再造、实现审计现代化的重要举措。传统的审计报告编制和复核流程往往依赖人工操作,存在效率低下、差错风险高等问题。引入人工智能技术后,审计报告内容校验环节可以实现自动化和智能化,极大地简化了审计流程,提升了审计效率。审计人员可以从繁琐的人工检查工作中解放出来,将更多精力投入到审计策略的制定、审计风险的识别、审计证据的收集等更具专业判断和创造性的工作中,从而不断提升审计工作的附加值。

二、机器学习在审计结果预测中的应用

(一)预测模型选择

面对海量、异构的大数据,传统的统计模型已难以胜任,选择合适的机器学习模型成为审计数据分析与预测的首要任务。不同的预测场景对模型的要求各异,审计人员需要综合考虑数据特征、预测目标、计算效率等因素,权衡各类模型的优劣,以期获得最佳的预测效果。

就审计领域的预测任务而言,常用的机器学习模型包括决策树、支持向量机、人工神经网络等。决策树模型易于理解和解释,能够自动挖掘数据中的关键特征,生成清晰的决策规则。这一特性使其在审计风险评估、舞弊识别等任务中得到广泛应用。但决策树也存在泛化能力弱、易过拟合等局限。支持向量机则善于处理高维数据,通过寻求最优分类超平面实现样本的二分类。凭借出色的学习与推广能力,支持向量机在财务异常检测、上市公司违规预测等方面取得了良好效果。然而,支持向量机对参数调节较为敏感,计算复杂度高,在大规模数据集上的训练效率有待提升。

近年来,随着深度学习的兴起,人工神经网络在审计预测任务中显示

出巨大潜力。相比传统的浅层网络，深度神经网络包含多个隐藏层，能够学习数据的高层抽象特征，具有更强的非线性拟合与泛化能力。卷积神经网络、循环神经网络等典型网络结构在财务报表分析、审计意见预测等任务上取得了优于传统模型的表现。例如，某研究利用卷积神经网络对上市公司年报的财务指标、文本内容进行联合建模，显著提升了财务异常的预测准确率。另一研究则使用长短期记忆网络处理审计报告的时间序列数据，较好地预测了上市公司的退市风险。尽管如此，深度学习模型也面临着参数量大、训练周期长、可解释性差等挑战。

选择合适的机器学习模型只是审计预测任务的第一步，为了进一步提升模型性能，还需要在数据预处理、特征工程、超参数调优等方面下功夫。高质量的训练数据是预测模型的基石。审计人员应全面收集与预测目标相关的数据，并对缺失值、异常值等噪声数据进行清洗和修复。特征工程旨在从原始数据中提取有判别力的特征，它涉及特征选择、特征构建、特征编码等一系列操作。良好的特征不仅能够简化模型复杂度，还能提高预测的准确性和稳定性。超参数调优则是寻找模型最优参数组合的过程。不同的超参数设置会极大地影响模型的性能。常用的调优方法包括网格搜索、随机搜索、贝叶斯优化等。通过自动化的超参数搜索，能够显著改善模型的预测效果。

(二)模型训练与优化

在审计结果预测这一任务中，模型训练与优化无疑扮演着至关重要的角色。从某种意义上说，它是连接原始数据与预测结果的桥梁，其性能的优劣直接决定着整个预测过程的成败。因此，深入探讨模型训练与优化的方法和策略，对于提升审计结果预测的准确性和可靠性具有重要意义。

1. 选择合适的训练算法

在审计领域,常用的训练算法包括逻辑回归、决策树、支持向量机、神经网络等。不同算法在模型的解释性、泛化能力、训练效率等方面各有优劣,需要根据具体问题的特点进行权衡取舍。例如,逻辑回归模型结构简单、可解释性强,适用于特征维度较低的线性可分问题;而神经网络模型具有强大的非线性拟合能力,能够处理高维复杂数据,但可解释性相对较差。因此,选择训练算法时既要考虑模型性能,也要兼顾其在审计业务中的可用性和可理解性。

2. 超参数的选择

超参数是指在训练前需要手动设定的参数,如学习率、正则化系数、树的深度等,其取值会直接影响模型的性能。然而,最优超参数组合的确定并非易事,需要在参数空间中进行大量的实验和搜索。传统的网格搜索和随机搜索方法虽然直观,但搜索效率较低。近年来,一些智能优化算法如贝叶斯优化、粒子群优化等在超参数调优中崭露头角,能够更高效地找到最优参数组合。此外,交叉验证技术的引入,也为模型性能的稳健评估提供了保障。

3. 对模型进行详细的性能评估与优化

通过在测试集上的预测结果,可以计算准确率、精确率、召回率、F1 值、ROC 曲线等常用评估指标,全面刻画模型的性能表现。对于性能欠佳的模型,需要进一步分析其误差来源,是欠拟合还是过拟合,并采取相应的优化策略。常见的优化方法包括增加训练数据、调整模型复杂度、引入正则化项、增强数据等。模型优化是一个反复迭代的过程,需要不断尝试和调整,方能获得最佳性能。

(三)结果验证与评估

对于机器学习在审计结果预测中的应用,结果验证与评估是一个不可或缺的关键环节。在利用机器学习模型进行审计结果预测后,必须对预测结果进行严格的验证和评估,以确保其准确性、可靠性和实用性。这一过程不仅能够帮助审计人员判断预测模型的有效性,也为模型的优化和改进提供了重要依据。

1.检验预测结果与实际审计结果的吻合程度

这可以通过计算模型的准确率、精确率、召回率等评价指标来实现。准确率反映了预测结果中正确样本的比例,精确率表示预测为正例的样本中真正为正例的比例,召回率则衡量了真实正例中被正确预测的比例。通过综合分析这些指标,可以全面评估模型的预测性能。除了以上常用指标外,根据审计业务的特点,还可以设计一些针对性的评价指标,如重要账户的识别准确率、风险事项的预警准确率等,以更好地契合审计工作的实际需求。

2.深入分析预测错误的原因,以发现模型存在的问题和不足

通过对预测失误案例的剖析,可以识别出导致误判的关键因素,如数据质量问题、特征选择不当、算法局限性等。针对这些问题,可以有的放矢地开展模型优化和改进工作,如扩充训练数据、优化特征工程、调整算法参数等。同时,分析预测错误案例也有助于审计人员更好地理解模型的局限性,在应用预测结果时保持必要的职业怀疑态度。

3.验证其实用性和可解释性

再强大的预测模型,如果其结果无法有效指导审计实践,或者无法

向被审计单位清晰说明,也难以真正发挥价值。因此,有必要邀请经验丰富的审计专家对预测结果的可用性进行评判,提出改进意见。同时,还应重视预测结果的可解释性,尽可能地向审计人员和被审计单位阐明预测结果的逻辑和依据。一些先进的机器学习模型,如决策树、规则挖掘等,能够生成易于理解的规则或决策路径,更有利于预测结果的解释和应用。

三、智能语音助手在审计报告解读中的应用

(一)智能语音助手的基本功能

智能语音助手在审计报告解读中扮演着日益重要的角色,它通过语音交互技术,为审计人员提供了一种高效、便捷的报告解读方式。智能语音助手具备自然语言处理、语音识别和语音合成等多项核心功能,能够准确理解审计人员的语音指令,快速检索并朗读审计报告中的关键内容,大大提升了审计报告解读的效率和准确性。

智能语音助手的自然语言处理功能,使其能够深入理解审计报告的语义内容。通过对报告文本进行词法分析、句法分析和语义分析,智能语音助手可以准确把握报告的核心要点,如审计发现的重大问题、审计意见和建议等。当审计人员使用语音指令查询特定内容时,智能语音助手能够快速定位相关段落,提取关键信息,并以清晰、流畅的语音进行播报。这种智能化的解读方式不仅节省了审计人员阅读报告的时间,更能帮助他们迅速抓住报告的关键要点。

除了基本的语音朗读功能外,智能语音助手还能够根据审计人员的需求,提供个性化的报告解读服务。例如,审计人员可以通过语音指令设置关键词提醒,当智能语音助手在报告中识别出这些关键词时,它会自动

进行提示，引起审计人员的注意。此外，智能语音助手还支持对报告内容进行智能摘要和关键信息提取，快速生成报告的核心要点清单，方便审计人员进行查阅和分析。这些个性化的功能设置大大提升了审计报告解读的针对性和实效性。

得益于语音识别技术的进步，智能语音助手能够准确识别审计人员的语音指令，即使在嘈杂的环境中也能保持较高的识别率。同时，智能语音助手通过语音合成技术，以接近自然人的语音进行播报，语速、语调和停顿都经过精心设计，提供了流畅、舒适的听觉体验。友好、智能的交互方式能够有效减轻审计人员的负担，使其能够更专注地投入到报告解读和分析工作中。

（二）智能语音助手的集成方法

在大数据时代，审计报告的内容日益丰富，信息量不断增大，传统的纸质报告已难以满足各利益相关方便捷获取和深入解读的需求。将智能语音技术与审计报告相结合，不仅能提升信息传递的效率，更有助于用户全面理解报告要义，把握审计成果的核心价值。

智能语音助手集成至审计报告的过程，需要审慎考虑多方面因素，精心设计实施路径。首先，应明确智能语音助手的功能定位，聚焦于最能体现其优势和特点的应用场景。比如，利用语音合成技术，将审计报告关键内容转化为声音，方便用户收听；又如，运用自然语言理解能力，对用户的提问作出智能应答，辅助报告重点内容的理解。确定好功能范围后，接下来要选择合适的语音交互平台。目前，市场上已有多种成熟的语音助手方案。审计机构应根据自身业务特点、数据安全要求等，甄选出最契合需求的平台作为基础架构。

选定语音平台后，下一步是对接审计报告管理系统，实现语音助手与报告内容的无缝连接。这需要审计机构的IT团队与语音平台提供商密切配合,共同开发调试API接口,并进行严格的测试,确保数据传输的稳定性和安全性。同时,语音交互内容也要经过精心梳理和脚本设计,力求在准确传达报告信息的同时,提供友好流畅的交互体验。譬如,在回答用户提问时,语音助手不能简单重复报告原文,而要提炼关键信息,以通俗易懂的方式阐释,必要时辅以数据分析和可视化呈现,帮助用户深入把握审计成果的意义。

(三)智能语音助手的用户体验优化

智能语音助手在审计报告解读中的应用,其用户体验的优化至关重要。作为一种创新的人机交互方式,智能语音助手能够为审计报告的解读提供个性化、高效率的服务,大大提升审计工作的智能化水平。然而,要充分发挥智能语音助手的优势,就必须从用户的实际需求出发,不断优化其功能设计和交互体验。

1.提高语音识别的准确性

审计报告往往涉及大量专业术语和数据信息,对语音识别系统提出了较高要求。因此,开发者需要针对审计领域的特点,优化语音识别算法和模型,提高系统对专业词汇的识别能力。同时,还要充分考虑不同用户的语音特征差异,如口音、语速等,通过个性化的训练和适配,实现更加精准的语音识别。只有在识别准确率达到一定水平的基础上,智能语音助手才能准确理解用户的意图,为其提供有针对性的服务。

2.关注人机对话的自然性和流畅性

审计报告的解读往往涉及复杂的逻辑关系和专业内容,对智能语音助手的对话能力提出了挑战。为了让用户获得更加自然、流畅的交互体验，开发者需要不断完善对话管理策略，优化上下文理解和语义分析能力。智能语音助手应能够根据用户的提问，快速定位到审计报告中的相关内容，并以清晰、简洁的方式进行解答。同时，还要具备多轮对话的能力，能够根据用户的反馈动态调整回复策略，提供更加准确、全面的信息。

3. 重视个性化服务的提供

不同的用户对审计报告的关注点和理解程度可能存在差异，智能语音助手需要能够根据用户的特点，提供差异化的解读服务。这就要求系统能够通过用户画像和行为分析，准确把握用户的知识背景、关注重点等，从而提供更加精准、贴合用户需求的解读内容。例如，对于审计专业人士，智能语音助手可以提供更加深入、全面的分析解读；而对于非专业用户，则可以采用更加通俗、易懂的语言，提供关键信息的提炼和解释。

4. 兼顾人性化设计和情感化表达

审计报告的解读过程不仅仅是信息的传递，更是一种智能化的人机交互体验。因此，智能语音助手需要在功能设计上体现人文关怀，在交互方式上贴近用户的情感需求。例如，系统可以根据用户的情绪状态，适时给予鼓励和支持，营造良好的使用氛围；又如，针对审计报告中可能出现的专业障碍，系统可以提供生动形象的比喻和案例，帮助用户直观理解。这些人性化的设计，能够拉近用户与智能语音助手之间的距离，提升整体的使用体验。

第三节　AI技术在审计人才培养与知识更新中的应用

一、基于AI技术的审计培训平台建设

(一)平台功能设计

基于AI技术构建面向审计实践的培训平台,需要从功能设计入手,全面考虑用户需求和学习体验。

其一,平台应具备丰富的学习资源库,涵盖审计理论知识、实务操作技能、案例分析等多方面内容。这些资源应以微课、视频、文档等多种形式呈现,满足学员的个性化学习偏好。同时,资源库还应根据审计领域的最新动态持续更新,确保学员能够及时学习前沿知识和新兴技术。

其二,智能推荐是平台的核心功能之一。基于对学员学习行为、知识掌握程度等数据的分析,平台可利用AI算法为每位学员量身定制个性化的学习路径和资源推荐。这不仅能够提高学习效率,减少无效学习时间,还能激发学员的学习兴趣,增强其主动性和积极性。与此同时,智能推荐功能还应具备自适应能力,能够根据学员的实时反馈动态调整推荐策略,不断优化学习体验。

其三,在线实训与考核是培训平台不可或缺的环节。平台应提供真实的审计业务场景和数据,让学员在模拟环境中进行实操练习,提升实务技能。AI技术可用于自动评估学员的操作过程和结果,给出即时反馈和改进建议。此外,平台还应定期组织在线考核,全面评估学员的知识掌握和能力提升情况,并将考核结果与晋升、绩效等挂钩,激励学员持续学习。

其四，互动交流功能是平台设计的重点。审计工作往往需要团队协作，因此平台应提供在线交流工具，如即时通讯、讨论区、视频会议等，方便学员分享经验、讨论问题。AI 技术可用于智能匹配学习伙伴，推荐感兴趣的话题，促进学员之间的交流互动。同时，平台还可邀请资深审计专家定期开展在线讲座或答疑，为学员提供权威指导和解惑服务。

其五，数据安全与隐私保护也应纳入平台的功能设计之中。审计数据往往涉及商业机密和个人隐私，因此平台必须建立完善的数据安全管理机制，采用加密、访问控制等技术手段，确保数据的机密性、完整性和可用性。此外，平台还应严格遵守相关法律法规，尊重用户隐私，让学员能够安心学习。

(二)用户体验优化

深入分析用户需求，研究用户行为，是设计良好的审计培训平台用户体验的基础。在这一过程中，设计师需要全面了解不同类型用户的特点和需求，包括他们的学习目的、学习风格、认知特点等。只有在充分理解用户的基础上，才能设计出契合其需求、易于使用的培训平台界面和功能。

1. 界面设计

一个优秀的审计培训平台界面应该具备简洁、美观、易用的特点。简洁意味着界面布局清晰明了，没有多余的元素干扰用户的注意力；美观意味着色彩搭配和谐，版式设计具有视觉吸引力；易用意味着导航逻辑清晰，操作流程简单顺畅。设计师需要在这三个方面进行精心设计和反复打磨，力求为用户创造一个舒适、愉悦的学习环境。

2.功能设计

审计培训平台的功能应该全面满足用户的学习需求,同时兼顾实用性和创新性。例如,平台可以提供个性化的学习路径推荐,根据用户的学习基础和目标,智能生成最优学习方案;又如,平台可以设置多样化的学习任务和互动环节,通过小组协作、案例分析、情景模拟等方式,提高用户的学习参与度和实践能力。这些功能的设计应该以用户需求为中心,充分利用大数据、人工智能等先进技术,不断创新学习模式和方法。

3.交互设计

交互设计是连接用户和平台的纽带,它决定了用户与平台之间信息传递和操作反馈的效率和质量。良好的交互设计应该做到信息呈现清晰、操作引导明确、反馈及时有效。例如,在用户登录注册环节,交互设计要确保信息填写字段合理、步骤提示清楚、错误提示准确;在用户学习过程中,交互设计要确保学习资源易于检索、学习进度易于把握、问题反馈渠道通畅。优秀的交互设计能够最大限度地减少用户的认知负荷和操作障碍,提升其学习效率和满意度。

(三)培训资源整合

在智能审计时代,基于AI技术的审计培训平台建设至关重要。它不仅是提升审计队伍整体素质、适应新时代审计工作要求的必然选择,更是推动审计事业不断发展的内在需求。培训资源的整合是其中的关键环节,它涉及到培训内容、培训形式、培训对象等多个方面,需要从系统的视角进行统筹谋划。

从培训内容来看,AI技术在审计中的应用涵盖了数据采集、风险评估、内控测试、审计抽样等众多领域。因此,培训资源的整合首先要紧扣审计业务流程，针对不同岗位、不同层级的人员，设计出系统化、梯队化的培训课程。例如，面向基层审计人员，可以侧重讲解 AI 技术在审计取证、内控测试等方面的应用；面向审计项目管理人员，则应重点培训如何利用 AI 技术进行项目管控、质量控制；面向审计管理者，则需要从战略的高度，探讨 AI 技术对审计行业发展的影响以及应对策略。只有实现培训内容的精准匹配，才能最大限度地发挥培训资源的效用。

从培训形式来看，线上培训与线下培训相结合是大势所趋。一方面，线上培训能够突破时间、空间的限制，满足审计人员随时随地学习的需求；另一方面，线下培训有利于案例教学、现场演练等参与式学习方法的运用，提高培训的针对性和实效性。因此，在整合培训资源时，要充分发挥线上线下培训的各自优势，构建起相互补充、相互促进的混合式培训体系。同时，还要注重培训形式的多样化，引入微课、慕课、游戏化学习等新兴培训手段，提高学员的学习兴趣和参与度。

从培训对象来看，整合培训资源要坚持全员覆盖、分类施教的原则。一是要面向全体审计人员，确保人人都能掌握必备的 AI 技术应用能力；二是要根据不同岗位、不同专业方向的特点，提供个性化、专业化的培训服务。例如，对于 IT 审计人员，要重点加强对机器学习、自然语言处理等前沿 AI 技术的培训；对于内控审计人员，则要侧重培养利用智能分析工具开展内控测试的能力。只有实现因材施教、精准滴灌，才能真正提升审计队伍的整体素质。

二、基于 AI 技术的审计知识管理系统

(一)知识采集与分类

知识采集与分类是基于 AI 技术构建审计知识管理系统的重要基础。

在大数据时代,海量的审计数据和信息呈现出爆炸式增长的态势,如何从庞杂的数据中提取有价值的知识,并对其进行系统化的分类和组织,已经成为审计知识管理面临的重大挑战。AI 技术为破解这一难题提供了新的思路和方法。

借助自然语言处理、机器学习等 AI 技术,审计知识的采集过程可以实现自动化和智能化。通过对业务系统、审计报告、法律法规等多源异构数据进行爬取和解析,AI 系统能够快速识别和提取其中蕴含的审计知识要素,如审计对象、审计程序、审计方法、审计发现等。与传统的人工采集方式相比,基于 AI 的知识采集效率更高、质量更好,能够最大限度地挖掘数据价值,减少知识损耗。

在海量知识要素采集完成后,需要对其进行科学分类,这是构建知识体系、实现知识管理的关键一环。传统的知识分类通常采用事先定义的分类体系,如按审计业务类型、审计阶段等进行划分。然而,这种自上而下的分类方法往往难以适应知识的快速更新迭代,分类体系的扩展性和灵活性较差。利用 AI 技术,特别是无监督学习算法,可以自动发现知识要素之间的内在联系,动态生成分类体系。例如,通过对审计知识的语义、属性等特征进行聚类分析,识别相似性较高的知识要素,形成若干知识社团,进而构建起多层级、动态调整的知识分类体系。基于 AI 生成的知识分类不仅更加客观、全面,而且能够随着新知识的引入不断自我优化和完善。

(二)知识共享与协作

知识共享与协作是基于 AI 技术的审计知识管理系统构建与应用的关键环节。在审计工作中,知识是最宝贵的资源,如何有效地获取、整理、存储和利用这些知识,直接关系到审计工作的质量和效率。传统的知识管理方式往往依赖于个人经验的积累和传承,存在着知识分散、更新滞后、共享困难等问题。而AI技术的发展为审计知识管理带来了新的契机,使得海量知识的采集、分类、检索和应用成为可能。

1.知识共享是知识管理的核心目标之一

通过建立统一的知识库,将分散在各个审计人员手中的经验、案例、方法等显性和隐性知识进行系统整合,形成组织层面的集体智慧,可以显著提升审计工作的专业水平和规范性。AI技术为知识共享提供了强大的技术支撑,如知识图谱技术可以揭示知识点之间的内在联系,帮助审计人员快速定位所需知识;自然语言处理技术可以实现非结构化审计数据的自动抽取和语义理解,将其转化为结构化的知识单元;知识推荐算法可以根据用户的行为偏好,精准推送相关知识,实现个性化的知识服务。

2.协作是实现知识共享、促进知识创新的重要途径

审计工作具有很强的专业性和综合性,需要不同领域、不同专长的审计人员密切配合、相互补充。在传统的审计模式下,审计团队成员之间的协作主要依靠面对面的沟通和文档传递,存在着时空限制和信息滞后等问题。而基于AI技术的协作平台可以打破这些限制,为审计人员提供随时随地、实时在线的协作环境。例如,利用在线协同编辑技术,多名审计人员可以同时对同一份审计工作底稿进行修改和完善,极大地提高了工作效率;利用智能搜索和关联分析技术,审计人员可以快速检索出与当前工作相关的历史项目、专家观点、法规制度等,拓宽思路、激发灵感;利用虚拟助手和智能问答技术,审计人员可以随时获得专业指导和决策支持,弥补自身经验和知识的不足。

3.知识共享与协作有利于促进审计知识的持续更新和创新

审计领域的知识具有鲜明的时效性,面对日新月异的经济形势和监

管环境,如果不能及时吸收最新的理论成果和实践经验,审计工作就难以适应时代发展的需求。通过知识共享与协作,审计人员可以相互启发、相互借鉴,在交流碰撞中产生新的思想火花,推动审计理论和方法的创新发展。例如,利用众包模式,可以发动更多的审计人员参与到知识创造的过程中来,集思广益、各展所长;利用知识挖掘技术,可以从海量的审计数据中发现隐藏的模式和规律,形成新的审计思路和方法;利用知识演化机制,可以对现有知识进行动态更新和优化,使其始终保持先进性和实用性。

三、基于 AI 技术的审计知识库构建与维护

(一)知识库架构设计

知识库是智能审计系统的重要基础设施,其架构设计直接影响到系统的功能、性能和可扩展性。合理的知识库架构不仅能够支撑海量审计知识的高效管理和利用,还能促进知识的持续积累和优化,为审计工作提供强大的智力支持。因此,深入探讨基于 AI 技术的审计知识库架构设计,对于推动智能审计的发展具有重要意义。

传统的审计知识库通常采用关系型数据库进行结构化存储,知识表示方式较为单一,检索效率偏低,难以满足智能审计对知识处理的高级需求。而基于 AI 技术的知识库架构则能够克服这些不足,实现知识的多元表示、关联挖掘和智能推理。其中,本体是构建 AI 驱动知识库的核心技术之一。本体以概念为基本单元,通过定义概念间的语义关系和约束规则,形成一个层次化、结构化的知识框架。在审计领域,可以使用本体来描述各种审计对象、业务流程、风险因素等核心概念,揭示其内在联系,形成审计知识的“地图”。这种本体化的知识组织方式不仅有利于审计知识

的系统管理，还能支持知识的语义检索、逻辑推理等智能应用。

除了本体之外，知识图谱也是AI驱动知识库的重要技术手段。知识图谱以图网络的形式刻画概念实体之间的复杂关联，便于用机器学习算法实现隐含知识的自动发现和挖掘。在审计知识库中引入知识图谱技术，可以建立起审计要素与风险、审计程序与目标之间的关联网络，自动生成审计方案，优化审计路径。同时，知识图谱还能与外部数据源相链接，如财务报表、舆情信息等，拓展审计知识的广度和深度。随着图谱规模的不断扩大，其智能分析能力也会持续提升，从而赋能更加精准、高效的审计决策。

构建面向智能应用的审计知识库，还需注重知识的质量管理。一方面，要建立严格的知识准入和审核机制，确保录入知识库的审计经验、案例、规范等内容的准确性、规范性和时效性。可以借助自然语言处理、知识抽取等AI技术，实现对非结构化审计资料的自动解析和结构化转换，提高知识采集效率。另一方面，要赋予知识库持续学习和优化的能力。通过机器学习算法分析审计人员的检索日志、反馈意见等用户交互数据，动态调整知识库的组织结构和内容排序，使其能够适应审计需求的变化。此外，还可利用增量学习、主动学习等技术，使知识库能够不断吸收新的审计实践经验，自我更新和扩充。

（二）数据录入与管理

在基于人工智能技术的审计知识库建设过程中，数据录入与管理显得尤为重要和必要。这是因为，高质量的数据是人工智能算法训练的基础，也是知识库应用效能发挥的前提。

1. 科学规范的数据录入流程

在数据录入前，需要对拟录入的审计数据进行全面梳理和分类，明确数据的类型、格式、来源等基本要素。同时,要制定统一的数据录入标准和规范,对录入人员进行必要的培训,确保录入过程的一致性和准确性。在数据录入过程中,可以利用人工智能技术进行辅助校验,自动识别和纠正录入错误,提高数据录入效率和准确率。对于录入完成的数据,还需进行二次审核和确认,以保证数据的完整性和可靠性。

2. 元数据

通过为每条数据添加描述其属性特征的元数据标签,可以大大提升数据检索、查询、关联分析等数据管理操作的效率和精准度。在审计知识库的数据管理中,我们可以利用元数据对录入的审计数据进行多维度、多层级的描述和标注,如数据类型、数据来源、生成日期、关键词、主题标签等。基于元数据的智能化管理,不仅能够帮助用户快速定位和获取所需数据,还能揭示数据间的内在联系,发现新的知识和规律。

3. 数据安全与隐私保护

审计数据通常涉及企业的商业机密和个人隐私,对数据安全提出了极高要求。在数据管理过程中,要严格遵循数据安全相关的法律法规和行业标准,采取必要的技术和管理措施,全面保障数据的机密性、完整性和可用性。同时,要重视用户隐私保护,对敏感数据进行脱敏处理,并严格控制数据的访问和使用权限。唯有如此,才能最大限度规避数据泄露和滥用风险,夯实知识库应用的安全基础。

4. 数据治理

面对海量、异构、动态变化的审计数据,亟需建立科学规范的数据治理机制,以优化数据全生命周期管理。首先,要制定完善的数据治理策略和流程,明确数据管理的原则、标准和职责,为数据录入、存储、处理、应用等环节提供规范指引。其次，要加强元数据管理，构建覆盖数据标准、质量、安全、价值等方面的元数据框架，夯实数据资产管理基础。再次，要引入数据质量管控机制，采用自动化工具和人工复核相结合的方式，持续评估和改进数据质量。最后，要重视数据价值管理，对数据资产进行全面盘点和价值评估，有的放矢地开展数据应用。

四、基于 AI 技术的职审计人才培业发展跟踪与推荐

(一)人才发展路径规划

人才发展路径规划是基于 AI 技术的审计人才培养的关键环节。在智能审计时代，审计人才不仅需要掌握扎实的专业知识和审计技能，更需要具备数据分析、AI 应用等复合型能力。因此，科学、合理地规划审计人才的职业发展路径，对于培养高素质、创新型审计人才至关重要。

从宏观层面来看，审计人才发展路径规划应紧密结合行业发展趋势和人才市场需求，为不同层次、不同专业方向的审计人才提供清晰、可行的职业发展蓝图。这需要教育部门、行业组织、用人单位等多方协同努力，共同构建起适应智能审计时代要求的人才培养体系。在这一体系中，高校要发挥人才培养的主阵地作用，根据审计行业的最新动态和未来趋势，及时更新教学内容，优化课程设置，为学生提供前沿、实用的知识和技能训练。同时，高校还应加强与企业、事务所的合作，为学生提供实习实践、毕业就业等机会，帮助其平稳过渡到职场。

从微观层面来看，审计人才发展路径规划应立足个体特点和职业诉求，为每一位学生量身定制职业发展方案。这就要求教师在教学过程中，不仅要传授知识，更要加强对学生的职业指导和生涯教育。教师应引导学生全面认识自我，了解自己的兴趣爱好、能力特长、性格特质

等,结合外部环境和个人条件,理性思考未来的职业方向。在此基础上,教师要帮助学生制定切实可行的职业规划,包括学习计划、技能培养、资格认证等,并在学习过程中给予持续指导和反馈,助力学生朝着既定目标不断迈进。

在AI技术日益渗透审计领域的背景下,审计人才发展路径规划还应特别关注智能技术赋能下的职业转型。传统审计工作模式正在被数据驱动、智能协同的新型审计方式所颠覆,这对审计人才的知识结构和能力要求提出了新的挑战。因此,在职业发展规划中,要引导学生加强数据分析、AI技术等方面的学习,提升利用智能工具开展审计工作的能力。同时,还要注重培养学生的创新意识和学习能力,使其能够快速适应智能审计环境下的职业变革,并不断完善自身的知识和技能体系。

(二)职业发展建议

1.建立审计人员职业发展的动态评估机制

利用人工智能技术,可以全面收集和分析审计人员的工作表现数据,包括业务能力、学习能力、创新能力等多个维度。通过对这些数据的智能分析,可以准确识别每个审计人员的职业发展阶段和特点,为其提供个性化的职业发展评估报告。这种动态评估不仅能够帮助审计人员及时发现自身的优势和不足,也能为组织的人才管理提供科学依据。

2.为审计人员提供多元化的职业发展路径

传统的审计职业发展通常是线性的,即从初级审计师到高级审计师、审计经理、合伙人等。但在智能审计时代,这种单一的发展路径已经不能满足审计人员的多样化需求。因此,需要为审计人员设计多元化的职业发展通道,如专业领域专家、数据分析专家、IT审计专家等。针对不同的发展方向,应该提供相应的培训资源和实践机会,帮助审计人员提升专业能力,拓展职业视野。

3.建立开放、互动的职业发展社区

职业发展不仅需要组织的支持,更需要同行的交流和启发。利用人工智能技术,可以搭建一个智能化的职业发展社区平台,连接不同地区、不同专业的审计人员。在这个平台上,审计人员可以分享职业发展经验,探讨行业前沿动态,寻求发展机会。平台还可以利用智能算法,根据审计人员的个人特点和发展需求,推荐合适的学习资源、项目机会和导师人选,为其职业发展提供精准支持。

4.将职业发展与绩效管理紧密结合

职业发展不是独立于工作之外的事情,而应该与日常的绩效管理形成良性互动。一方面,绩效考核的结果可以为职业发展提供依据和方向;另一方面,职业发展的成果也应该反映在绩效提升上。因此,需要建立一套基于人工智能技术的智能绩效管理系统,将职业发展目标与绩效目标有机融合,实现动态跟踪和综合评估。同时,绩效反馈也应该包含职业发展的内容,为审计人员指明后续发展的重点方向。

第四章　智能审计系统的构建

第一节　智能审计系统的架构设计

一、智能审计系统架构的设计原则

(一)安全性原则

智能审计系统的安全性原则至关重要,它直接关系到审计数据的机密性、完整性和可用性。在设计智能审计系统架构时,必须把安全性放在首要位置,贯穿于系统的各个层面和环节。

首先,智能审计系统必须具备严格的身份认证和访问控制机制。系统应该对每一个用户进行唯一标识,并根据用户的角色和权限分配相应的资源访问权限。同时,系统还需要提供多因素认证、单点登录等高级安全特性,防止未经授权的用户非法访问系统。对于敏感数据和关键操作,系统应该进行更为严格的授权控制,并对所有访问行为进行详细的日志记录和审计跟踪。

其次,智能审计系统必须确保数据传输和存储的安全性。系统应该采用安全可靠的通信协议,对传输中的数据进行加密保护,防止数据被窃听或篡改。对于存储的审计数据,系统应该采用高强度的加密算法,并定期进行数据备份和容灾,确保数据不会因为硬件故障、自然灾害等意外情况而丢失或损坏。同时,系统还需要对数据访问进行细粒度的控制和监督,防止内部人员的不当操作。

再次，智能审计系统必须具备完善的安全监测和应急响应能力。系统应该部署先进的入侵检测、恶意代码防范等安全监测工具，实时监控系统运行状态，及时发现和阻断各种安全威胁。一旦发生安全事故，系统还需要启动应急预案，快速定位和排除故障，尽可能减少对审计工作的影响。同时，系统还应该定期开展安全风险评估和渗透测试，主动发现和修复系统中的安全漏洞。

最后，智能审计系统必须重视用户安全意识的培养和安全管理制度的建设。再完善的技术手段也无法百分之百保证系统的安全，用户的不当操作和管理上的疏漏往往成为安全事故的诱因。因此，在设计智能审计系统时，必须充分考虑人的因素，加强对用户的安全教育和培训，提高其安全防范意识和技能。同时，还需要建立健全的安全管理制度和流程，明确各岗位的安全职责，规范用户行为，加强内部监督和审计，从管理上为系统安全提供有力保障。

（二）可维护性原则

随着企业业务的不断发展和变革，审计需求和环境也在动态变化。因此，智能审计系统必须具备良好的可维护性，以适应不断变化的需求，保证系统的生命力和价值。

从系统架构的角度来看，可维护性的实现有赖于模块化设计理念的贯彻。通过将系统划分为相对独立、松耦合的模块，可以在最小化模块间依赖的同时，实现功能的封装和隔离。这种做法不仅有利于系统的扩展和升级，更能够显著提高后续维护的效率。当业务需求发生变化时，开发人员只需要修改或重构特定模块，而无需对整个系统进行大规模的调整，从而降低了维护成本，缩短了响应时间。

从代码层面来看，可维护性体现在规范化的编程风格和充分的文档注释上。统一的编码规范有助于提高代码的可读性和可理解性，使不同开发人员能够快速上手并进行维护。而完备的文档注释则为后续的代码修改提供了重要的指引，减少了维护人员的学习和理解成本。通过规范化的编程实践，可以有效避免因代码质量问题导致的维护难题，提高系统的可维护性。

在实际的智能审计系统构建过程中，可维护性原则的落实需要考虑技术选型、架构演进等因素。合理选择成熟、稳定的技术栈，有利于降低系统的维护复杂度。而持续的架构优化和重构，则能够随着业务的发展不断提升系统的可维护性。通过前瞻性的架构设计和持续的优化实践，智能审计系统能够长期保持架构的清晰性、模块的独立性，从而为可维护性提供坚实的基础。

二、智能审计系统架构的数据交换机制与集成设计

（一）数据交换机制

智能审计系统的数据交换机制是实现系统集成与互联互通的关键环节。系统间的数据交换需要遵循统一的标准和协议，确保数据在传输过程中的准确性、完整性和安全性。为此，设计合理、高效的数据交换机制成为智能审计系统架构设计中不可或缺的重要内容。

数据交换机制的设计应立足于智能审计业务的实际需求，综合考虑数据源的异构性、数据格式的多样性以及数据量的规模等因素。一方面，智能审计系统需要与财务系统、业务系统、管理系统等多个内外部数据源进行数据交换，这些系统的技术架构、数据库类型、数据格式千差万别，给数据交换带来了不小的挑战。另一方面，随着大数据时代的到来，审计数据的规模日益庞大，结构日趋复杂，对数据交换的效率和可靠性提出了更高要求。在此背景下，设计一套灵活、可扩展的数据交换机制显得尤为迫

切和重要。

数据交换机制的核心在于制定统一的数据交换标准，既包括数据格式标准，也包括数据接口标准。通过采用业界通用、成熟的数据交换标准，可以有效降低系统集成的复杂度，提高数据交换的效率和质量。同时，数据交换标准的制定还需考虑到未来业务发展和技术演进的需要，既要保证当前阶段的适用性，又要为后续扩展留有余地。这就要求在标准制定过程中广泛吸收业内专家的意见，借鉴成功的实践经验，找准自身定位，审慎作出技术选型。

在确立数据交换标准的基础上，需要构建配套的数据交换平台。这个平台可以通过企业服务总线（ESB）的方式实现，充当智能审计系统与其他业务系统之间的“数据中转站”。平台需要具备数据格式转换、数据路由分发、数据质量检测等多项功能，对汇聚而来的异构数据进行“清洗”和“打包”，再按照约定的标准和接口推送至目标系统。借助数据交换平台，数据在智能审计系统和其他业务系统之间的流动将变得更加顺畅和自动化，大大降低了人工处理的成本。

为保证数据交换机制的平稳运行，还需要配备必要的监控手段。通过部署数据交换监控平台，实时采集数据交换的各项指标，包括数据传输量、响应时间、错误率等，并设置预警阈值。一旦发现异常情况，监控平台可自动触发预警，并根据预设的处置流程快速响应和处理。同时，监控数据还可用于分析数据交换的瓶颈和优化点，为系统优化和升级提供可靠依据。

（二）系统集成方法

系统集成是智能审计系统构建过程中的关键环节，其目标是将各个独立开发的子系统有机地组合在一起，形成一个功能完整、性能优异的整体。在智能审计领域，系统集成面临着数据异构、业务复杂、安全要求高等诸多挑战。因此,探索行之有效的系统集成方法,对于保证智能审计系统的顺利实施和高效运转具有重要意义。

从技术层面来看,智能审计系统集成需要解决数据集成、应用集成和界面集成三个方面的问题。在数据集成方面,由于智能审计涉及的数据来源广泛,格式多样,必须采用统一的数据标准和接口规范,实现异构数据的无缝对接和实时交换。常见的数据集成技术包括ETL(数据抽取、转换与加载)、EAI(企业应用集成)等。通过这些技术,可以将分散在各个业务系统中的数据进行清洗、转换和整合,最终载入智能审计系统的数据仓库或数据湖中,为后续的分析挖掘提供高质量的数据支撑。

在应用集成方面,智能审计系统通常由多个功能模块组成,如数据采集、风险评估、审计报告生成等。这些模块可能采用不同的开发语言和平台,集成时需要考虑接口的兼容性和调用的一致性。常见的应用集成方法包括基于消息队列的异步通信、基于Web服务的同步调用等。通过构建统一的中间件层,可以屏蔽底层系统的差异,实现模块间的松耦合和可插拔性,提高系统的灵活性和可扩展性。

在界面集成方面,智能审计系统需要为用户提供一致的操作体验和信息展示方式。这就要求在界面设计时遵循统一的视觉风格和交互标准,并提供单点登录、权限控制等功能,方便用户在不同模块间切换。常见的界面集成技术包括门户网站、仪表盘等。通过界面集成,可以将智能审计系统的复杂性隐藏在友好的用户界面之下,降低用户的学习成本和操作难度。

从管理层面来看,智能审计系统集成是一项复杂的系统工程,需要统筹考虑业务需求、技术路线、实施进度等多个因素。为了确保集成工作的顺利开展,应该制定详细的集成方案和质量标准,明确各参与方的职责和协作机制。在集成过程中,要重视需求管理和变更控制,及时响应业务变化,调整集成策略。同时,还应该建立完善的测试体系,对集成后的系统进行全面的功能、性能、安全等方面的验证，及早发现和解决潜在问题。

三、智能审计系统架构的可扩展性与灵活性设计

(一)可扩展性设计原则

随着业务需求的不断变化和技术的快速迭代，系统必须具备良好的可扩展性，以适应未来的功能拓展和性能提升需求。可扩展性设计不仅能够降低系统的维护成本，提高开发效率，更能够保证系统在不断演进中保持稳定性和高可用性。

从功能维度来看，可扩展性设计要求系统能够灵活地添加新功能或修改现有功能，而不影响其他模块的正常运行。这就需要在系统架构设计时，合理划分功能模块，降低模块间的耦合度。通过将系统拆分为相对独立的功能单元，并定义清晰的接口规范，可以实现功能的灵活组合和快速迭代。当新的业务需求出现时，只需要针对特定模块进行修改或扩展，而不必对整个系统进行大规模重构。

从性能维度来看，可扩展性设计要求系统能够通过横向或纵向扩展来提升处理能力，应对不断增长的数据量和并发访问压力。横向扩展是指通过增加服务器节点来分担系统负载，实现并行处理和负载均衡。这种方式适用于可以水平分割的业务场景，如 Web 应用、分布式存储等。而纵向扩展则是指通过提升单个节点的硬件配置，如 CPU、内存、磁盘等，来增强系统的性能表现。纵向扩展更适合于对单个任务有较高性能要求的场景，如大数据计算、实时流处理等。

为了实现可扩展性设计，系统架构需要遵循一些关键原则。首先是模块化设计原则，将系统划分为功能相对独立、可复用的模块，并通过定义良好的接口协议来实现模块间的通信和协作。其次是松耦合原则，尽

量降低模块之间的依赖关系，使得各个模块可以独立演进和扩展。再次是服务化架构原则，将业务功能封装为可复用的服务，通过统一的服务治理平台实现服务的注册、发现、调用和监控。最后是弹性伸缩原则，通过实时监控系统负载，动态调整资源配置，以应对流量的波动和突发事件。

除了合理的架构设计，可扩展性还需要配套的基础设施和运维手段来支撑。分布式缓存、消息队列、负载均衡等中间件可以有效缓解系统瓶颈，提高并发处理能力。而自动化运维工具如容器编排、配置管理、持续集成/发布等，则可以极大地简化环境管理和应用部署流程，实现系统的快速扩容和自动恢复。

（二）灵活性设计方法

在大数据和人工智能技术迅猛发展的时代背景下，审计业务需求和技术环境都在不断变化，这就要求智能审计系统具备良好的适应性和可扩展性。只有通过灵活性设计，才能确保系统能够适应未来的功能拓展和性能提升需求，为智能审计的持续发展提供坚实的技术基础。

灵活性设计的核心在于将系统划分为相对独立又相互协作的模块，并通过标准化接口实现模块间的通信和数据交换。这种松耦合的架构方式可以最大限度地降低模块之间的依赖关系，使得系统具备较强的可维护性和可扩展性。当审计业务需求发生变化或者技术环境更新迭代时，可以通过局部修改或替换某些模块来快速响应，而不必对整个系统进行大规模的重构。这不仅能够降低系统维护成本，提高开发效率，更能够保证智能审计业务的连续性和稳定性。

在实施灵活性设计时，可以采用面向服务的架构（SOA）理念。将智能审计系统的各项功能抽象为一系列标准化的服务，通过统一的服务总线实现服务的注册、发现和调用。这样，当新的审计需求出现时，可以通过开发新的服务或组合现有服务来快速满足，而无需对原有系统架构进行大幅调整。同时，SOA 架构还能够支持异构系统的集成和互操作，为智能审计系统与其他业务系统的数据共享和业务协同奠定基础。

微服务架构是灵活性设计的另一种有效方法。与传统的单体架构不同，微服务架构将系统拆分为多个小型、独立部署的服务，每个服务负责特定的业务功能。这些服务之间通过轻量级的通信机制（如 REST API）进行交互，可以独立地开发、测试和部署。微服务架构的优势在于它能够支持敏捷开发和持续交付，使系统能够快速响应业务变化。当审计需求发生变化时，只需要修改或重新开发相关的微服务即可，而不会影响到其他服务的运行。这种架构模式特别适合于复杂、大规模的智能审计系统，可以显著提升系统的灵活性和可维护性。

容器化技术是实现灵活性设计的重要支撑，通过将应用程序和其依赖环境打包到一个独立的容器中，可以实现应用的快速部署和迁移。在智能审计系统中，可以将不同的功能模块或微服务封装到不同的容器中，实现环境隔离和资源共享。这不仅能够简化系统的部署和运维工作，还能够提高系统的可移植性和可扩展性。当审计业务量激增时，可以通过动态增加容器实例的方式来横向扩展系统处理能力，从而有效应对业务高峰。

模块化设计是灵活性设计的另一项关键技术，通过将系统划分为多个功能相对独立的模块，并定义清晰的模块边界和接口规范，可以实现模块的可插拔和可替换。在智能审计系统中，可以将数据采集、数据处理、数据分析、审计模型等功能划分为不同的模块。各模块之间通过约定的接口进行通信和数据传递，可以独立地开发和演进。当审计技术或算法更新时，可以直接替换相应的模块，而不影响其他模块的运行。这种模块化的设计理念可以显著提高系统的可维护性和可扩展性，降低系统的耦合度。

第二节　智能审计系统的集成与部署

一、智能审计系统的集成策略

（一）集成方法选择

智能审计系统是一个复杂的综合体，涵盖了数据采集、数据处理、数据分析、风险评估、审计报告生成等多个功能模块。这些模块分别承担着不同的任务，但又相互依存、相互影响，需要通过科学的集成方法将它们有机地组织起来，形成一个高效、协调、可扩展的整体。

目前，常见的系统集成方法主要包括点对点集成、中间件集成、服务化集成等。点对点集成是一种传统的方式，它通过定义模块之间的接口，实现模块的直接通信和数据交换。这种方法实现简单，性能较高，但缺乏灵活性和可维护性，不利于系统的长期演进。中间件集成则引入了一个专门的中间件层，负责协调各个模块之间的交互。它提供了一套标准化的接口和协议，简化了模块的集成过程，提高了系统的灵活性。但中间件本身也带来了一定的开发和维护成本。服务化集成是一种新兴的方法，它将系统的各个功能模块封装成独立的服务，通过标准的服务接口实现松耦合的连接。这种微服务架构具有很强的灵活性、可扩展性和容错性，已经成为大型复杂系统集成的主流选择。

对于智能审计系统而言，服务化集成无疑是一种优选。智能审计系统需要处理海量的异构数据，涉及复杂的业务逻辑和算法模型，同时还要适应不断变化的外部环境和监管要求。采用微服务架构，可以将数据采集、数据清洗、特征提取、模型训练、风险评估等功能划分为独立的服务，实现敏捷开发和持续交付。不同的服务可以根据实际需求灵活地进行扩容或升级,而不影响整个系统的稳定运行。服务之间通过 REST API 等标准接口进行通信,降低了耦合度,方便了第三方系统的集成和扩展。同时,微服务架构天然支持分布式部署,可以充分利用云计算平台的弹性资源,实现高可用、高并发的处理能力。

(二)系统兼容性评估

系统兼容性评估是智能审计系统集成与部署过程中的关键一环,它旨在全面评估智能审计系统各组成部分之间的兼容性,以确保系统能够高效、稳定、安全地运行。具体而言,系统兼容性评估需要从硬件环境、软件环境、网络环境等多个维度入手,综合考察各子系统和组件在接口规范、数据格式、通信协议等方面的匹配程度。

1.硬件环境兼容性评估

硬件环境兼容性评估主要关注智能审计系统对计算机硬件资源的需求与实际配置之间的匹配度。这不仅包括服务器、工作站等核心硬件的性能指标,如 CPU 频率、内存容量、存储空间等,还涉及外围设备,如打印机、扫描仪等的型号与驱动程序的兼容性。只有保证硬件环境满足智能审计系统运行的基本需求,并且各硬件设备之间能够协调工作,系统才能稳定运转,发挥应有的效能。

2.软件环境兼容性评估

软件环境兼容性评估侧重于智能审计系统与其他软件系统之间的互操作能力。现代审计工作已经高度信息化,审计数据通常分散在财务系统、业务系统、管理系统等各个领域。智能审计系统必须能够与这些系统无缝对接,实现数据的采集、交换和共享。这就要求智能审计系统在操作系统版本、数据库类型、中间件平台等方面与其他软件系统保持兼容,遵循统一的行业标准和技术规范。同时,还要评估智能审计系统内部各模块之间的集成度,以保证工作流程的连贯性和数据传输的准确性。

3.网络环境兼容性评估

网络环境兼容性评估要着眼于智能审计系统在复杂网络环境中的适应能力。当前,审计工作越来越依赖于网络技术,审计人员需要通过互联网、局域网等方式访问系统,获取数据。这就对智能审计系统的网络兼容性提出了较高要求。一方面,系统必须能够支持主流的网络协议和标准,如TCP/IP、HTTP等,以保证与其他网络设备的互联互通;另一方面,还要考虑网络带宽、时延等性能指标对系统运行的影响,提供有效的网络流量控制和质量保障机制。

二、智能审计系统的部署流程管理

(一)部署前准备

部署前准备是智能审计系统构建中至关重要的一个环节,它为后续的部署实施奠定了坚实基础。在进行部署前,需要从多个维度对系统进行全面评估和规划,以确保部署过程的顺利进行和系统的稳定运行。

首先,要对智能审计系统的功能完整性和性能表现进行充分测试。这需要制定周密的测试方案,覆盖系统的各个模块和功能点,模拟各种可能出现的业务场景,并对系统的响应速度、并发处理能力、资源占用等关键指标进行评估。通过全面的功能测试和性能测试,可以及早发现并解决系统中存在的缺陷和隐患,确保系统在真实环境中能够稳定、高效地运行。

其次，要根据智能审计系统的业务需求和技术特点，合理规划部署环境。这包括硬件配置、软件环境、网络拓扑等多个方面。在硬件方面，要结合系统的数据规模、并发访问量等因素，选择配置合适的服务器、存储设备，确保系统有足够的计算和存储资源。在软件方面，要根据系统的技术架构和依赖关系，明确操作系统、中间件、数据库等软件的版本和配置要求。在网络方面，要根据系统的部署模式和访问方式，设计合理的网络拓扑结构，并对网络安全进行充分考虑。只有在部署环境规划阶段做到缜密、全面，后续的系统部署才能有序展开。

再次，要为智能审计系统准备完备的部署操作手册和配置文档。操作手册应详细描述部署的每个步骤和注意事项，包括环境准备、安装部署、参数配置、启动运行等，确保部署人员能够严格按照流程操作，将部署过程中的失误和遗漏降到最低。配置文档应明确记录系统的各项配置参数，如服务器地址、端口号、数据库连接信息、系统变量等，为后续的系统维护和调试提供可靠依据。完备的文档资料可以显著提高部署效率，减少人为错误，是确保系统顺利上线的重要保障。

此外，要建立完善的应急预案和回退机制。尽管经过了充分的测试和环境准备，但在实际部署过程中仍可能出现意外情况，如软硬件兼容性问题、数据迁移异常、系统启动失败等。因此，必须提前制定完善的应急预案，明确故障处理流程和责任人，确保在问题发生时能够快速响应、及时处置。同时，还要建立可靠的回退机制，对部署过程中的每个关键节点进行备份，以便在部署失败时能够快速回退到之前的稳定状态，将系统中断时间和数据损失降到最低。

最后，要组织开展部署前的培训和演练。由于智能审计系统涉及复杂的业务逻辑和先进的技术手段，部署和使用过程中对人员的能力要求较高。因此，有必要在部署前对相关人员进行系统化培训，详细讲解系统的功能特点、技术架构、操作使用等内容，确保其完全掌握系统的部署和运维要求。同时,还应安排真实环境的部署演练,按照既定的部署方案,由实际参与人员操作,以检验部署文档的准确性、人员能力的匹配度,进一步优化完善部署的流程和保障措施。

(二)部署过程监控

部署过程监控是智能审计系统构建中至关重要的一环,它通过实时跟踪和记录部署各阶段的进展情况,确保部署工作有序、高效、规范地进行。全面、细致的部署过程监控不仅能及时发现和解决部署中出现的问题,降低部署风险,而且能够为后续的系统优化和升级提供宝贵的经验数据。

部署过程监控需要覆盖硬件环境准备、软件安装配置、数据迁移、系统集成测试等各个方面。在硬件环境准备阶段,监控的重点是服务器、存储、网络等设备的采购、安装和调试情况,确保硬件基础设施满足系统运行的性能和稳定性要求。软件安装配置阶段,监控的对象包括操作系统、数据库、中间件等基础软件和智能审计系统的各个功能模块,要详细记录软件的版本号、安装路径、配置参数等关键信息,严格控制软件变更流程。

数据迁移是智能审计系统部署中的一项复杂而敏感的任务,对数据完整性和一致性的要求极高。部署过程监控要重点关注数据抽取、清洗、转换、加载的各个环节,对数据量、处理时间、错误率等指标进行量化评估,确保数据迁移的准确性和效率。此外,还要加强对数据安全和隐私保护措施的监督,严防数据泄露和非授权访问。

系统集成测试是检验智能审计系统功能、性能、稳定性的关键步骤,部署过程监控要全程参与测试方案的制定、测试用例的设计和测试结果的分析,客观评估系统的缺陷和风险,形成完整的测试报告。对于发现的问题,要及时反馈给开发和运维团队,并跟踪问题的修复和复测情况,确保系统的质量和可用性。

高质量的部署过程监控离不开精细化的监控指标体系和自动化的监控工具支撑。监控指标体系要全面覆盖部署各阶段的关键活动，包括但不限于进度管理、质量控制、风险预警、绩效评估等方面，同时要根据系统规模、复杂度等因素进行动态调整和优化。自动化监控工具能够持续收集和分析海量的日志、指标数据，通过可视化仪表盘、智能告警等方式，为项目管理者提供实时、直观的决策支持，提高监控的效率和精准度。

（三）部署后验证

在系统正式上线运行之前，必须对其进行全面、细致的验证，以确保系统功能的完整性、性能的稳定性和运行的安全性。这一过程不仅能够及时发现和修复系统存在的缺陷，提高系统质量，也能够为后续的运维工作提供重要参考，降低系统运行风险。

1. 功能验证

从功能验证的角度来看，部署后验证需要对智能审计系统的各项功能进行全面测试，包括数据采集、数据分析、风险评估、审计报告生成等核心功能，以及用户管理、权限控制、日志管理等辅助功能。测试过程应覆盖各种典型业务场景和边界条件，并对功能的正确性、完整性和易用性进行评估。同时，还应关注系统各模块之间的接口和数据流转，确保其协同工作正常有序。只有通过细致入微的功能验证，才能确保智能审计系统在实际业务中发挥应有的作用，满足审计工作的需求。

2. 性能验证

从性能验证的角度来看，部署后验证需要对智能审计系统的处理能力、响应速度、资源消耗等关键性能指标进行测试。这些指标直接影响系统在高并发、大数据量场景下的运行状况，关系到审计业务的效率和用户体验。性能验证过程中,应采用与生产环境相近的数据规模和访问压力,观察系统的负载情况和瓶颈所在,并进行针对性的优化和调整。此外,还应评估系统在异常情况下的性能表现,如网络中断、硬件故障等,以检验其稳定性和容错能力。只有经受住严苛性能考验的智能审计系统,才能在实践中经久耐用,发挥其应有的价值。

3.安全验证

从安全验证的角度来看,部署后验证需要对智能审计系统的各个层面进行全方位的安全检查。作为审计工作的核心平台,智能审计系统处理的是大量敏感的业务数据和财务信息,一旦出现安全漏洞或隐患,极易被不法分子利用,给企业和相关方带来难以估量的损失。因此,安全验证须从身份认证、访问控制、数据加密、日志审计、入侵检测等多个方面着手,采用渗透测试、代码审计等多种技术手段,深入排查系统存在的安全隐患。同时,还应评估系统在应对常见网络攻击时的防护能力,并制定完善的安全应急预案。唯有构筑起严密的安全防线,智能审计系统才能稳定可靠地运行,确保审计数据的机密性、完整性和可用性。

三、智能审计系统的数据迁移与初始化

(一)数据迁移策略

数据迁移是智能审计系统构建过程中的关键环节之一。在将传统审计业务迁移到智能化平台时,需要制定科学、合理的数据迁移策略,确保数据的完整性、一致性和可用性。这不仅关系到系统上线后的稳定运行,更关乎整个审计业务数字化转型的成败。

从宏观层面看,数据迁移策略应与组织的整体信息化规划相协调。

审计机构需要全面评估现有数据资产的规模、类型、质量和分布情况，明确数据迁移的目标和范围，并综合考虑系统架构、网络环境、安全要求等因素，制定切实可行的迁移方案。同时，迁移策略还应兼顾业务连续性和数据可访问性，尽可能减少对日常审计工作的影响。

在微观层面上，数据迁移策略的制定需要经过精细化的分析和设计。首先，要全面梳理审计业务流程和数据流转路径，识别关键数据实体及其属性、关联关系，构建数据模型和元数据框架。这一过程需要审计领域专家和信息技术专家的紧密协作，以确保数据模型的准确性和完备性。

其次，要针对不同类型、不同来源的数据，采用恰当的迁移方式。对于结构化数据，可以采用 ETL（抽取、转换、加载）的方式进行批量迁移；对于非结构化数据如文档、图像等，则需要运用大数据技术进行处理和转换；对于分布在异构系统中的数据，还需要进行必要的清洗和集成，消除冗余和不一致。数据迁移过程中，还应重点关注数据质量问题，建立完善的质量检测和控制机制。

再次，要合理规划迁移的时间进度和资源配置。数据迁移往往是一个耗时耗力的过程，需要预留充足的时间窗口，并合理调配人力、物力和财力资源。迁移进度计划应综合考虑数据量、网络带宽、系统性能等因素，既要确保按期完成，又要避免对业务运营造成冲击。迁移过程中，还应做好风险管控和应急预案，最大限度地降低数据丢失、泄露和破坏的风险。

最后，要高度重视数据迁移的测试和验证工作。在正式启动迁移之前，需要对迁移方案进行反复测试，验证其可行性和有效性。迁移完成后，还需要对迁移后的数据进行全面的校验和核对，确保与原系统数据保持一致。同时，还应该建立数据问题反馈和处理机制，及时发现和解决迁移过程中出现的数据缺失、错误、不一致等问题。

(二)数据初始化流程

数据初始化是智能审计系统成功上线和运行的关键环节之一。在系统集成和部署过程中,必须高度重视数据初始化工作,精心规划和实施数据初始化流程,确保系统能够在一个高质量的数据基础上平稳运行。

数据初始化的首要任务是全面梳理智能审计系统所需的各类数据,包括审计业务数据、外部数据、元数据等。这需要项目组深入研究审计业务流程和数据标准规范,充分了解用户需求和应用场景,在此基础上形成系统的数据架构蓝图。只有对数据有全局性、系统性的把握,才能确定哪些数据是系统正常运转不可或缺的,从而在数据准备阶段有的放矢。

在明确系统所需数据的基础上,数据初始化需关注数据的质量和规范性。由于智能审计系统通常需要整合多源异构数据,而这些数据在格式、标准、口径上往往存在差异,直接导入系统可能引发数据冲突和质量问题。因此,需要在初始化过程中对原始数据进行清洗、转换和标准化处理。一方面要解决数据录入错误、重复、不一致等问题,提升数据的准确性和规范性;另一方面要按照系统的数据标准对异构数据进行统一转换,实现跨系统、跨部门的数据共享和流转。高质量的初始数据是智能审计系统发挥效能的前提。

数据初始化流程的设计和执行也需要遵循严格的规范和标准,包括制定完善的初始化方案,明确数据准备、数据导入、数据检验等各环节的流程、规则和责任人,编制数据处理和转换的脚本程序,建立数据问题反馈和解决机制等。每一个环节都需要经过充分的测试和验证,以确保流程的可靠性和数据的正确性。同时,还应注重初始化过程的可监控、可追溯,全程记录操作日志,对关键节点开展复核检查,一旦发现问题能够快速定位和处置。规范有序的初始化流程是确保数据质量的重要保证。

四、智能审计系统的用户培训与知识转移

（一）培训计划制定

培训计划的制定是智能审计系统成功部署和运行的关键环节。在设计培训计划时，要充分考虑用户的知识背景、学习能力和实际需求，采用科学、系统的方法，确保培训内容的针对性和实效性。

其一，培训计划应该基于全面的需求分析和人员评估。通过问卷调查、访谈等方式，深入了解不同岗位、不同层级用户对智能审计系统的认知程度和应用能力，准确把握他们在知识、技能等方面的差距和不足。在此基础上，有针对性地设计培训内容，制定分层分类的培训方案，避免“一刀切”式的统一培训。

其二，培训计划要突出系统性和连贯性。智能审计系统涉及审计业务流程、大数据分析、人工智能等多个领域的专业知识，学习难度较大。因此，培训内容应该遵循从易到难、由浅入深的原则，合理安排理论学习与实践操作的比重，帮助学员循序渐进地掌握系统的功能、特点和应用技巧。同时，要注重培训环节之间的衔接和呼应，使整个培训过程形成一个有机的整体。

其三，培训计划应体现灵活多样的教学方式。面对不同的培训对象，要因材施教、因需施教，采用案例教学、模拟演练、角色扮演等多种教学手段，提高培训的趣味性和参与度。尤其是在实操环节，要给学员充足的动手机会，通过亲身体验加深对系统的理解和掌握。在条件允许的情况下，可以利用在线教育平台开展异步培训，为用户提供自主学习的渠道。

其四，制定培训计划还要建立完善的评估反馈机制。通过课堂问答、实践考核、满意度调查等方式，及时了解学员的学习效果和意见建议，动

态优化调整培训方案。对于学习进度落后或实操能力较差的学员,要给予针对性的个性化指导,保证每一位用户都能熟练运用智能审计系统。

其五,培训计划的制定要立足长远,着眼未来。智能审计领域发展日新月异,知识和技术更新速度快。因此,单纯的一次性集中培训是远远不够的,还需要建立常态化的培训机制,定期开展全员轮训和新进人员培训,持续提升用户的知识水平和实践能力。同时,要高度重视培训师资队伍建设,有计划地选拔和培养一批专兼职讲师,打造一支熟悉审计业务、精通智能技术、善于培训教学的高素质师资团队。

(二)培训内容设计

1.培训内容应围绕智能审计系统的核心模块展开

智能审计系统的核心模块通常包括数据采集与管理、风险评估与预警、审计程序执行、工作底稿生成等。每个模块的培训都要深入浅出,既要讲清楚其基本概念、操作步骤,又要揭示其内在的业务逻辑和实现原理。通过系统化、纵深化的模块讲解,用户能够全面理解智能审计系统的功能布局和技术架构,进而更好地将系统融入到日常审计工作中。

2.培训内容要强调智能审计系统的创新点和应用价值

作为一款集大数据分析和人工智能于一体的现代化审计工具,智能审计系统在数据处理、风险挖掘、流程优化等方面都具有传统方法难以比拟的优势。培训过程中,要向用户清晰地展示系统的这些创新特性,并结合实际案例说明其在提升审计质量、改善审计流程中的积极作用。唯有让用户真切地感受到智能审计系统的先进性和实用性,才能调动起其学习和运用的积极性。

3. 培训内容应包含丰富的实操演练环节

智能审计系统再先进，也需要用户的实际操作才能发挥效能。因此，单纯的理论讲解是不够的，必须辅之以大量的上机实践。实操演练的内容要全面覆盖系统的各项功能，并设置不同难度梯度，从基本操作到综合应用，循序渐进，反复训练。通过亲身实践，用户能够更快更好地掌握系统的使用方法，提升实际工作效率。

4. 培训内容应涉及数据安全、隐私保护等专题

在大数据时代，数据已经成为审计工作的核心资产。因此，在享受智能审计系统带来的便利的同时，也要高度重视数据安全问题。培训中，要向用户灌输数据安全意识，讲解系统内置的各项安全防护措施，明确数据采集、传输、存储、使用等各环节的安全规范。只有筑牢数据安全防线，智能审计系统才能可持续、稳定地运行。

（三）知识转移方法

知识转移是智能审计系统用户培训中至关重要的一环，它旨在帮助用户深入理解系统的功能、操作方法和应用场景，从而最大限度地发挥智能审计系统的价值。知识转移的过程不仅仅是简单的信息传递，更是一个促进用户内化和吸收知识的过程。只有当用户真正掌握了系统的使用方法和原理，才能在实际工作中灵活运用，提高审计效率和质量。

在智能审计系统的知识转移中，需要采用多种方法和手段，以满足不同用户的学习需求。针对初级用户，可以通过系统化的培训课程，详细讲解系统的基本功能和操作步骤，帮助其快速上手。对于中高级用户，则可以组织专题研讨会或工作坊，就系统的高级功能和实际应用展开深入探讨，促进经验交流和知识共享。同时，还可以建立在线学习平台，提供视

频教程、操作手册、案例分析等丰富的学习资源,方便用户随时随地进行自主学习。

知识转移的有效性离不开用户的积极参与和实践,因此在培训过程中,应当创设真实或模拟的业务场景,引导用户动手操作,在实践中加深理解和掌握。通过角色扮演、小组讨论、头脑风暴等互动式教学方法,调动用户的积极性和创造力,促进知识内化为实际操作能力。同时,还应当建立完善的反馈和评估机制,及时了解用户的学习效果和意见建议,持续优化知识转移的内容和方式。

除了面向普通用户的知识转移外,智能审计系统的推广还需要培养一批核心的种子用户。这些用户不仅自己要精通系统的使用,更要成为知识转移的主力军,在组织内部传播智能审计理念,带动更多人参与到智能审计的实践中来。可以通过“训练师培训”等方式,系统地提升种子用户的专业能力和培训技巧,使其成为智能审计系统推广的中坚力量。

第三节　智能审计系统的维护与优化

一、智能审计系统的日常维护

(一)系统监控

系统监控是智能审计系统运维管理的基础和核心,只有持续、全面地监测系统运行状态,收集和分析各项关键指标,才能及时发现潜在问题,预防系统故障,保障审计业务的顺利开展。

在智能审计系统中,监控的对象涵盖了软硬件资源、网络环境、数据存储、业务应用等多个层面。从基础设施层面看,需要监控服务器、存储、网络等硬件设备的运行状况，如CPU使用率、内存占用、磁盘IO、网络流量等，确保其性能稳定、负载合理。同时，还要关注操作系统、数据库、中间件等软件系统的关键指标，如进程状态、日志异常、连接数等，及时排查和处理潜在故障。

在数据层面，智能审计系统通常需要处理海量的结构化和非结构化数据，对数据的完整性、一致性、可用性提出了很高要求。因此，监控的重点在于数据采集、清洗、存储、计算等环节，确保数据质量和处理效率。这需要采用分布式存储架构和大数据处理框架，并通过监控数据吞吐量、错误率、延迟等指标，实现数据全生命周期的可视化管理。

在应用层面，监控直接关系到审计业务的开展。智能审计系统通常由多个业务模块和微服务组成，通过API接口实现数据交互和业务协同。因此，需要监控各应用服务的可用性、响应时间、吞吐量等性能指标，确保其稳定运行。同时，还要跟踪业务流程和关键事件，如业务异常、流程阻塞、数据错误等，为业务连续性提供保障。

此外，在当前复杂多变的网络环境下，智能审计系统面临着各种安全风险和挑战，如黑客入侵、DDoS攻击、数据泄露等。因此，安全监控也是系统监控的重要内容。需要实时监测网络流量、访问日志、用户行为等，通过行为分析和威胁情报，及时发现和响应安全事件，保障系统和数据安全。

(二)数据备份

在大数据时代，审计数据的规模日益庞大，种类日趋多样，结构也愈加复杂。如何确保这些宝贵的数据资产不会因各种意外情况而丢失或损坏，成为摆在审计机构面前的重大课题。科学、规范、高效的数据备份策略，不仅能够最大限度地保障数据安全，还能为系统故障恢复、业务连续性维护提供有力支撑。

从技术层面来看，智能审计系统的数据备份需要遵循全面性、多样性、分层性的原则。所谓全面性,是指备份对象应涵盖系统运行所需的各类数据,包括但不限于原始数据、中间数据、结果数据、配置数据、日志数据等。任何一类数据的遗漏或缺失,都可能影响系统的正常运转和审计工作的有序开展。多样性原则要求针对不同类型、不同重要程度的数据,采取差异化的备份策略和备份方式。譬如,对于更新频率较高的业务数据,可采用增量备份与全量备份相结合的方式,既节约存储空间,又能快速恢复数据。而对于系统配置等相对稳定的数据,则可采取定期全量备份的策略。分层性原则强调要根据数据的安全等级、恢复时间目标等因素,构建多层级的备份体系。通常情况下,本地备份、异地备份、云备份等方式需要有机结合、互为补充,从而形成纵深防御,确保在极端情况下也能实现数据的快速恢复。

从管理层面来看,智能审计系统的数据备份离不开完善的制度建设和规范的流程管控。首先,审计机构应制定明确的数据备份策略和应急预案,对备份的对象、频率、方式、存储位置等进行统一规定,并随着技术发展和业务变化及时更新和完善。其次,数据备份的实施应严格遵循既定流程,由专人负责,并建立详细的操作记录和监督机制。定期开展数据恢复演练,以检验备份数据的有效性和可用性。再次,备份介质和备份数据本身的安全也不容忽视。要采取必要的物理隔离和访问控制措施,防止备份数据被非授权人员获取、篡改或破坏。同时,备份介质的存储环境需进行精细化管理,对温度、湿度等指标进行实时监测,定期校验介质的可读性,确保备份数据的长期安全。

二、智能审计系统的升级策略

(一)升级计划制定

智能审计系统升级是一个复杂而关键的过程,需要审慎的计划和周密的执行。制定合理、可行的升级计划是确保升级成功的首要前提。在制定升级计划时，首先要明确升级的目标和范围。这需要全面评估当前系统的功能、性能、安全性等方面的不足，同时深入分析业务需求的变化趋势和技术发展的最新动态。只有在充分了解现状和需求的基础上，才能确定升级的重点领域和优先次序。

明确升级目标后，就要着手设计升级方案。这是升级计划的核心内容，直接决定了升级的技术路线、资源配置和实施步骤。设计升级方案需要兼顾系统的稳定性、可用性和可扩展性，既要充分利用现有的硬件和软件资源，又要引入先进的技术和理念。同时，还要考虑到升级过程对业务运营的影响，尽可能减少系统停机时间和数据迁移的风险。为此，可以采用增量升级、平滑迁移等策略，确保业务连续性。

升级方案设计完成后，需要制定详细的实施计划。这包括确定升级的时间进度、人员安排、资源调配等具体事项。实施计划要充分考虑到可能出现的风险和困难，提前制定应对预案。例如，要安排充足的测试时间，对升级后的系统进行全面的功能、性能、安全测试，及时发现和解决问题。同时，还要做好数据备份和回滚准备，以防出现意外情况。

智能审计系统升级不可避免地涉及一定的风险，如技术风险、进度风险、预算风险等。因此，在制定计划时就要充分识别和评估这些风险，并制定相应的防范和应对措施。例如，要建立风险预警机制，及时监测和报告风险情况；要设置风险控制节点，在关键时间点进行风险评估和决策；要准备应急预案，针对可能出现的风险制定详细的处置流程。通过全面的风险管理，最大限度地降低升级过程中的不确定性和损失。

（二）升级测试

在信息技术飞速发展的今天，各类审计软件更新迭代速度不断加快，版本更新周期大幅缩短。为了适应这一趋势，保障智能审计系统的先进性和实用性，制定科学、严谨的升级测试方案势在必行。只有经过全面、深入的测试，才能最大限度地发现并修复系统缺陷，提升系统性能，确保升级后的智能审计系统能够稳定、高效地运行，更好地服务于审计工作。

从功能测试的角度来看，升级测试的首要任务是全面评估新版本系统的功能完备性和准确性。智能审计系统通常包含数据采集、数据分析、审计报告生成等多个核心模块，每个模块又由众多子功能构成。在升级过程中，开发团队往往会对系统功能进行优化、调整，甚至增加新的功能。因此，测试人员需要参照需求文档和设计文档，通过设计全面的测试用例，逐一验证各项功能的可用性、正确性和稳定性。只有确保新增和优化后的功能都能够按照预期执行，没有遗漏或错误，才能为后续的系统上线提供可靠保障。

从性能测试的角度来看，升级测试还需要重点关注新版本系统的处理效率和资源消耗。智能审计系统通常需要处理海量的业务数据，并且要在较短时间内完成复杂的分析和计算任务。如果系统性能不达标，就可能导致审计效率低下，甚至引发系统崩溃等严重后果。因此，测试团队需要利用专业的性能测试工具，模拟大规模并发访问场景，评估系统的响应时间、吞吐量、CPU 占用率等关键指标。通过系统的压力测试，找出性能瓶颈和潜在风险，并提出优化建议，指导开发团队进行针对性的代码修改和参数调整。只有不断优化系统性能，才能确保升级后的智能审计系统能够高效、稳定地支撑日常审计业务。

从兼容性测试的角度来看，升级测试还需要着眼于新版本系统与现有 IT 环境的无缝对接。智能审计系统并非独立运行，而是需要与财务系统、业务系统、数据库等其他 IT 系统协同工作。因此，在系统升级时，必须充分考虑与外部系统的数据交换、接口调用等方面的兼容性问题。测试团队需要与相关部门密切沟通，了解外部系统的技术特点和约束条件，设计覆盖面广、针对性强的集成测试方案。通过模拟真实业务场景，验证升级后的智能审计系统能否与其他系统实现无缝衔接,保证业务数据的完整性和一致性。只有消除系统间的兼容性障碍,构建起“无缝整合”的IT架构,才能发挥智能审计系统的最大效能。

三、智能审计系统的功能迭代与优化

(一)用户反馈收集

用户反馈的收集是智能审计系统功能迭代与优化的重要基础,通过建立完善的反馈机制,积极倾听和吸纳用户的意见建议,智能审计系统才能不断完善自身功能,提升用户体验,从而更好地服务于审计工作的需要。

用户反馈的收集需要多管齐下,全方位入手。首先,智能审计系统应内置便捷的反馈通道,如在系统界面设置明显的“意见反馈”按钮,方便用户随时提交使用感受和改进建议。其次,系统运维团队应主动与用户沟通,通过电话、邮件、问卷调查等方式,深入了解用户的实际需求和痛点。再次,可以举办用户交流会、培训班等活动,搭建系统开发者与用户直接对话的平台,鼓励用户面对面提供反馈意见。此外,还可以通过网络论坛、社交媒体等渠道,广泛收集用户在系统使用过程中的评价和建议。

在反馈收集过程中,需要注重信息的真实性和全面性。一方面,要对用户身份进行必要的验证,防止虚假信息的干扰;另一方面,要充分考虑不同类型用户的反馈诉求,如审计人员、被审计单位、系统管理员等,力求全面客观地掌握系统的优缺点。同时,收集到的用户反馈还需要经过系统的整理和分析。可以运用大数据技术,对海量反馈信息进行自动分类、提取关键词,并以可视化的方式呈现,便于开发团队快速洞察用户需求的走向。对于具有普遍性的问题,要高度重视,列入优化的重点范畴;对于个性化的需求,则要权衡利弊,选择性地吸收和落实。

(二)功能需求分析

功能需求分析是智能审计系统功能迭代与优化的关键环节,它决定了系统后续的开发方向和重点。在进行功能需求分析时,首先要深入了解用户的实际需求和痛点。这需要审计团队与被审计单位进行充分的沟通和交流,通过访谈、问卷调查等方式,全面收集用户对系统功能的反馈和建议。只有准确把握用户需求,才能确保系统功能的针对性和实用性。

在明确用户需求的基础上,审计团队需要结合审计业务的发展趋势和最新标准,对智能审计系统的功能进行前瞻性设计。随着大数据、人工智能等新技术的快速发展,审计行业正面临着前所未有的机遇和挑战。智能审计系统必须紧跟时代步伐,充分利用这些新技术,不断拓展和优化功能,提升审计工作的效率和质量。例如,利用机器学习算法实现异常数据的自动识别和预警,利用自然语言处理技术辅助审计报告的智能生成等。这些创新功能的引入,将极大地提升智能审计系统的智能化水平和业务价值。

在进行功能需求分析时,要注重不同功能模块之间的协同和集成。智能审计是一项系统工程,涉及数据采集、分析、评估、报告等多个环节。这些环节之间存在着紧密的逻辑关系,需要通过合理的功能设计来进行有机串联。例如,数据采集模块负责从被审计单位的业务系统中提取原始数据,数据分析模块利用这些数据进行深入挖掘和建模,风险评估模块根据分析结果识别潜在风险,审计报告模块则基于前期工作形成结构化的审计报告。只有协调好各功能模块的衔接和配合,才能确保智能审计工作的流畅开展。

(三)新功能开发

面对不断变化的业务需求和技术环境,系统必须具备灵活扩展和快速迭代的能力。只有不断丰富和完善功能,智能审计系统才能更好地适应审计工作的复杂性和多样性,为审计人员提供更加专业、高效的支持。

1.建立完善的需求管理机制

审计业务的专业性和复杂性决定了智能审计系统的功能需求往往具有较强的针对性和个性化。因此,需求分析阶段必须充分吸收和借鉴一线审计人员的实践经验,深入了解他们在审计工作中遇到的实际问题和潜在需求。与此同时,还要高度重视各利益相关方的反馈意见,通过问卷调查、访谈等方式广泛收集对系统功能的评价和建议。只有准确把握用户需求,新功能开发才能找准方向,避免盲目性和随意性。

2.遵循严谨的设计原则和规范

智能审计系统是一个复杂的、多模块协同运行的大型系统,新功能的引入不能对原有系统架构造成破坏性影响,而应该保持良好的兼容性和可扩展性。这就要求开发团队在设计阶段就对新功能的业务逻辑、数据流向、算法模型等进行充分的论证和优化,并制定科学、规范的技术方案。同时,还要注重与已有功能的无缝集成,确保系统各模块之间的协同配合和数据共享。只有严格遵循软件工程规范,新功能才能真正融入智能审计系统,发挥出应有的效能。

3.注重实际效果

在充分测试和验证的基础上,新功能还需要经过试点应用的检验。通过在特定业务场景下小范围推广新功能,开发团队可以直观地评估其实际使用效果,及时发现和修复潜在的缺陷或不足。同时,试点应用阶段也是收集用户反馈、优化功能体验的重要窗口期。开发团队应该与试点用户保持密切沟通,虚心听取他们对新功能的意见和建议,并据此迅速做出响应和调整。只有经过实战检验,新功能才能真正成熟和定型,为全面推广奠定坚实基础。

4. 体现前瞻性和创新性

智能审计系统必须紧跟审计行业发展前沿,主动融入新理念、新技术、新方法。这就要求开发团队要有开阔的国际视野,密切关注人工智能、大数据等领域的最新进展,积极探索将前沿技术应用于审计实践的可能性。同时,还要勇于突破固有思维模式,以创新的眼光审视审计业务流程,不断优化和再造,用新功能来引领和驱动审计模式的变革。只有保持与时俱进,智能审计系统才能不断焕发生机活力,为审计事业的发展注入强劲动力。

四、智能审计系统的故障检测与应急响应

(一)故障检测

智能审计系统作为一个复杂而关键的 IT 系统,其稳定运行对于保障审计工作的顺利开展至关重要。在系统的日常运维中,故障检测是一项核心任务,它通过持续监控系统的各项指标,及时发现潜在的异常情况,为故障的快速定位和修复提供依据。

1. 建立完善的监控指标体系

智能审计系统涉及数据采集、存储、分析、展示等多个环节,每个环节

都有其关键性能指标。例如，在数据采集阶段，需要监控数据源的连通性、数据传输的速率和质量等；在数据存储阶段，需要监控存储设备的容量、I/O 性能、数据完整性等；在数据分析阶段，需要监控算法的执行效率、资源消耗情况等。只有建立起覆盖全面、指标合理的监控体系，才能为故障检测提供可靠的数据支撑。

2.选择适当的监控工具和方法

传统的监控方式主要依赖于人工巡检和阈值告警，但在智能审计系统这样的复杂环境下，仅靠人力已难以应对。因此，引入智能化的监控手段势在必行。机器学习算法可以通过对历史监控数据的训练，自动识别系统的正常运行模式，一旦发现偏离正常模式的异常情况，即可自动触发告警。相比阈值告警，基于机器学习的异常检测更加灵活和智能，能够适应系统的动态变化，降低误报和漏报的风险。

3.根据告警信息进行故障定位和原因分析

故障定位和原因分析需要监控系统提供丰富的上下文信息，如告警发生的时间、涉及的组件、相关的指标趋势等。同时，还需要借助智能分析技术，如根因分析、关联分析等，快速推断出故障的根本原因，避免治标不治本。例如，如果某个时间段内多个服务器同时出现 CPU 使用率告警，可能是由于上游服务请求量激增导致，需要进一步分析请求来源和业务逻辑，而不能仅局限于单个服务器的 CPU 指标。

(二)应急预案

完善的智能审计系统应急预案是确保系统在面临突发事件时得以快速恢复并持续稳定运行的关键。由于智能审计系统涉及海量数据处理、复杂算法模型应用以及多系统协同工作，其故障类型呈现多样化趋势，且往往具有突发性和破坏性。如果没有周密的应急预案作为指导,一旦系统陷入瘫痪,不仅会影响审计工作效率,更可能造成数据丢失、流程中断等严重后果。

应急预案的制定需要从组织、流程、技术等多个维度入手。在组织层面,应成立应急处置领导小组,明确各相关部门在应急响应中的职责分工,建立统一指挥、分工协作的应急处置体系。预案还应规定应急状态下的报告路径、决策机制,确保信息顺畅传递、指令高效执行。在人员配备上,应急小组需要汇聚业务、技术、管理等多领域专业人才,保证在复杂场景下快速分析问题、制定对策、开展行动。此外,定期的应急演练也不可或缺。通过模拟各类故障场景,检验应急预案的可操作性,锻炼应急人员的实战能力,可以不断提升应急处置的规范性和有效性。

在流程层面,应急预案应针对不同故障类型制定标准化的处置流程。智能审计系统的故障大致可分为硬件故障、网络异常、安全事件等几大类。针对各类情况,预案都应明确故障判定标准、响应时限、处置措施、恢复条件等关键要素。以硬件故障为例,预案需规定内存、存储、服务器等核心硬件的监控指标阈值。一旦监测数据超出阈值,即触发相应等级的硬件故障警报,同时启动预定的远程或现场处置流程,组织应急抢修。

在技术层面,构建完善的应急保障体系至关重要。首先,智能审计系统应具备故障自动识别和告警能力。通过设置性能指标监控阈值,实时感知可能导致故障的异常状况,在问题酝酿初期即启动预警,为应急响应争取宝贵时间。其次,异地灾备系统的建设也必不可少。在异地服务器上部署智能审计系统的实时镜像,可在主系统故障时快速切换,保证审计业务连续性。再者,应急技术手段还包括故障诊断工具、自动化运维平台、应急通信系统等。这些辅助工具和设施有助于在关键时刻快速感知问题、精准分析原因、高效开展处置,从技术层面为应急行动保驾护航。

第五章　智能审计的应用实践

第一节　智能审计在合规性审计中的应用

一、合规性审计的对象

(一)企业内部政策

相较于法律法规、行业标准等外部规范,内部政策更能体现企业的自主意愿和管理风格。它涵盖了企业运营的方方面面,从组织架构、业务流程到员工行为准则,无不体现着企业文化和价值追求。因此,审计内部政策的合规性,既是维护企业声誉、防范法律风险的需要,也是提升内部管理水平、推动企业可持续发展的关键。

智能审计技术为内部政策合规性审计提供了新的途径和方法。传统的人工审计往往依赖于抽样调查和经验判断,难以全面覆盖海量的政策文本,更难以揭示其中隐藏的风险点。而智能审计系统则可以通过自然语言处理、知识图谱等技术,快速梳理内部政策体系,识别出与法律法规、行业标准不一致的条款,揭示政策间的冲突矛盾之处。这不仅大大提高了审计的效率和精准度,也为合规风险的预警和防控提供了数据支撑。

以员工行为准则为例,智能审计系统可以自动提取其中涉及利益冲突、信息披露、知识产权保护等关键合规要素,将其与相关法律法规进行比对分析,快速判断哪些条款存在合规风险,哪些表述有待进一步明确。这一过程不仅节省了大量的人力物力,更能最大限度地降低人为疏漏带来的风险隐患。

此外,智能审计还能促进内部政策的动态优化和持续完善。企业内外部环境瞬息万变,法律法规更新频繁,内部政策如果不能与时俱进,就可能滞后于管理实践,失去应有的指导作用。智能审计系统可以持续监测内外部环境变化,实时评估现有政策的适用性,并提供优化建议。例如,当新的法律法规出台时,系统可以自动识别出与之相关的内部政策,评估其合规性,提示合规风险,促使企业及时修订完善。这种动态循环式的审计模式,能够帮助企业构建起"合规预警—风险识别—流程改进—策略优化"的良性机制,实现内部政策与外部规则的同频共振。

(二)行业规范

在现代企业管理中,行业规范是合规性审计的重要对象之一。行业规范是指特定行业内普遍接受和遵循的准则、标准和惯例,它们体现了行业的最佳实践,代表了业界的共识和价值取向。作为外部规制的重要补充,行业规范对于规范企业行为、维护市场秩序发挥着不可或缺的作用。

1. 行业规范是判断企业行为是否合规的重要依据

虽然行业规范通常不具有法律上的强制力,但它们往往代表了业界的最高标准和道德底线。企业违反行业规范,即便没有直接触犯法律,也可能面临声誉损害、业务受限等风险。因此,合规性审计必须将行业规范纳入考量范围,全面评估企业的合规风险。

2. 行业规范是识别潜在合规风险的有力工具

由于行业规范源于业界实践,因而具有前瞻性和动态性的特点。它们往往比法律法规更早地识别出行业发展中的新问题、新风险,为企业合规管理提供了预警功能。通过对标行业规范,合规性审计能够及时发现企业在新兴领域、创新业务中的合规短板,从而采取针对性的防控措施。

3.行业规范是评价企业合规管理成熟度的重要维度

一个合规管理完善的企业,不仅要遵守法律法规的硬性要求,更应主动融入行业生态,践行行业规范的精神内涵。这体现了企业对社会责任的承担,对行业可持续发展的支持。因此,合规性审计应将企业执行行业规范的情况作为考核指标之一,客观评价其合规管理水平。

(三)合同与协议

在现代商业活动中,合同和协议无处不在,它们规定了各方的权利义务关系,是维护交易秩序、防范法律风险的重要工具。因此,对合同和协议的审计既是企业内部控制的应有之义,也是确保企业依法合规经营的必然要求。

智能审计技术的应用,为合同和协议的审计提供了新的路径。传统的人工审计方式效率低下,难以应对海量的合同文本;而智能审计系统则可以快速、准确地识别合同要素,提取关键信息,实现批量化、自动化的审计。例如,智能合同审计系统可以通过自然语言处理技术,准确识别合同中的主体、标的、期限、价款、违约责任等关键要素,并自动比对合同条款与法律法规、行业规范的一致性,及时发现潜在的合规风险。

除了提高审计效率,智能审计技术还能增强合同和协议审计的全面性和精准性。传统审计往往采用抽样的方式,难以实现全覆盖;而智能审计系统可以对全量合同数据进行分析,不放过任何一份合同、任何一个条款,最大限度地降低审计风险。此外,智能审计还能通过机器学习算法,不断积累审计经验,持续优化审计规则和模型,使审计结果更加精准和智能。

在具体应用中,智能合同审计系统通常与企业的合同管理系统、法律法规数据库等相结合,形成一套完整的合规审计解决方案。例如,某大型国企在引入智能合同审计系统后,实现了全量合同的自动审核和风险预警,合规审计效率提高了数倍,累计避免经济损失数千万元。该系统不仅对合同文本进行智能分析,还能追踪合同的履行情况,实时监测合同风险,为企业的合规管理提供了有力支撑。

二、智能审计在法规变更即时响应中的应用

(一)法规变更监测

在瞬息万变的法律法规环境下,及时、准确地识别和捕捉法规的变化,对于企业保持合规至关重要。传统的人工跟踪法规变化的方式,效率低下,难以应对日益增多的法规信息。智能合规审计技术为法规变更监测提供了新的解决方案。

智能合规审计系统可以通过自然语言处理、知识图谱等技术,实现法规信息的自动采集、分类和提取。系统能够连接各种法规数据库和信息源,全面收集法律法规文本。然后,利用自然语言处理技术对法规文本进行语义理解和关键信息抽取,自动归类出与企业相关的法规条款。这一过程大大提高了法规信息处理的效率和准确性,为后续的法规变更分析奠定了数据基础。

在法规信息采集和提取的基础上,智能合规审计系统还能够比对新旧法规版本,自动识别法规条款的增删改情况,快速锁定变更点。通过设定法规变更的关键词和规则,系统可以精准地捕捉到对企业合规产生重大影响的法规变化,并及时预警。这种变更点比对分析和预警机制,让企业能够在第一时间知晓关键法规的动态,从容应对合规风险。

智能技术在法规变更监测中的应用,还体现在可视化追溯和分析上。

合规审计系统可以生成法规变更历史的可视化视图，清晰展现法规演变脉络，方便企业快速把握法规的发展趋势。系统还能够智能关联企业内部制度流程与外部法规的映射关系，直观呈现法规变更对内部合规的影响。这些可视化分析功能提升了法规变更监测的效率和企业决策的针对性。

（二）实时合规性评估

面对日新月异的法律法规环境，传统的人工评估方式已难以满足企业合规管理的需求。智能审计技术的引入，为实现法规变更的实时响应、动态评估提供了新的途径和可能。

智能合规监测系统是实时合规性评估的基础。该系统通过大数据技术持续采集和处理海量的法律法规信息，并利用自然语言处理、知识图谱等人工智能技术进行语义理解和关联分析，实现对法规变化的自动识别和提取。系统还能够智能比对企业现有的合规政策与新颁布或修订的法规，快速发现其中的差异和不一致之处，为后续的合规性评估奠定基础。

在智能合规监测的基础上，实时合规性评估利用机器学习算法，全面评估企业在新法规下的合规状况。评估过程综合考虑了法规变更对企业不同业务领域、不同部门的影响，以及企业现有内控制度的匹配度。通过多维度、立体化的分析，系统能够精准诊断出企业在新法规下存在的合规风险点，并根据风险的严重程度进行分级预警。这种实时、动态的评估方式，大大提高了企业应对法规变化的敏捷性和前瞻性。

实时合规性评估的结果，为企业的合规调整提供了决策依据。针对评估中发现的问题和风险，智能系统可以自动生成合规优化方案，包括内控制度的修订、业务流程的再造等。这些方案经过管理层的审批后，可以快速推送至相关部门进行落实，实现合规要求的自动化嵌入。同时，系统还能持续监控优化方案的执行情况，确保各项整改措施落到实处。

智能审计驱动的实时合规性评估,还可以与企业的风险管理体系无缝对接。合规风险作为企业面临的重要风险类型之一,需要纳入全面风险管理的范畴。实时合规性评估的结果可以自动传递至风险管理系统,与其他领域的风险信息进行汇总和关联分析,更加全面和精准地反映企业的整体风险状况。这种合规与风险的协同管理,有利于企业实现内控合规和风险防范的一体化、高效化。

(三)自动化合规调整

在瞬息万变的商业环境中,法律法规不断更新迭代,给企业的合规工作带来了巨大压力。传统的人工跟踪和识别方式已难以应对频繁的法规变更,容易造成合规风险的积累和爆发。因此,借助智能审计技术实现法规变更的自动化合规调整,已经成为众多企业的迫切需求。

智能审计技术以大数据和人工智能为支撑,能够高效、准确地监测法规变更信息。通过对各级立法机关、政府部门网站的持续爬取,智能审计系统可以第一时间获取法律法规的最新动态。这些原始信息经过智能分类、提取、比对等处理后,转化为结构化的法规变更数据。企业可以根据自身业务特点,订阅所关注法律领域的变更信息推送服务,做到心中有数,及时应对。

在法规变更信息获取的基础上,智能审计技术能自动评估其对企业合规状况的影响。人工智能算法深度学习企业现有的合规政策、制度文件,形成企业合规知识图谱。当法规变更事件发生时,系统自动将新增或修改内容与知识图谱进行匹配比对,识别出受影响的合规要求和具体业务流程。这种影响分析可以细化到条款级别,为后续的应对措施提供精准指引。

识别受影响合规要求只是第一步,智能审计系统还能根据法规变更实质,自动提出合规调整方案。依托机器学习功能,系统总结历史上同类法规变更的应对经验，结合行业最佳实践，针对性地生成合规政策修订建议、内控流程优化方案等。合规管理人员在此基础上进行复核和必要调整，就能快速制定出切实可行的整改措施。这种人机协同的工作模式，既发挥了人工智能的效率优势，又保证了方案设计的专业性和可靠性。

（四）合规变更通知系统

合规变更通知系统是智能合规审计中一项重要的功能模块，它能够及时发现法律法规、行业标准等外部规则的变化，评估这些变化对企业合规状况的影响，并通过有效的信息传递机制，确保相关部门和人员及时获知合规要求的更新，从而快速做出响应和调整。这对于维护企业的合规运营，降低合规风险具有重要意义。

合规变更通知系统主要包括三个关键环节：法规变更监测、实时合规性评估和自动化合规调整通知。在法规变更监测环节，系统需要与权威的法律法规数据库进行实时对接，并利用自然语言处理、文本挖掘等人工智能技术，持续追踪和发现外部规则的更新变化。一旦识别出相关的合规变更信息，系统还要能够准确提取关键要素，如变更的时间、内容、适用范围等，为后续的影响评估提供数据支持。

在实时合规性评估环节，智能合规系统需要将法规变更信息与企业自身的业务运营数据进行比对分析，全面评估合规变更对企业现有合规状况的影响。这需要系统具备全面的业务流程梳理和风险识别能力，能够精准定位受影响的业务环节、制度规范和关键风险点。同时，系统还要能够根据法规变更的严重程度和紧迫性，自动计算合规风险等级，判断企业是否面临合规缺陷和潜在的合规风险。

基于变更监测和影响评估的结果，合规变更通知系统要能够自动触发合规调整流程，向企业相关部门和人员发送变更通知，提示其及时采取应对措施。与传统的人工通知方式相比，系统化的通知机制能够显著提升信息传递的及时性、准确性和全面性,确保合规工作的协同性与一致性。同时,通知内容要突出变更要点,并提供明确的操作指引,方便业务部门快速理解与执行。必要时,系统还可链接企业内部培训平台,组织开展在线合规培训,帮助员工及时掌握新的合规要求。

合规变更通知系统还应具备完善的追踪和监督功能,实时查看各部门合规调整的落实情况,对于未及时完成整改的高风险事项进行预警提示,并形成管理报告,为合规管理决策提供依据。这种穿透式的闭环管理,能够保障企业以最快的速度适应外部合规环境的变化,持续满足最新的监管要求。

三、智能审计在合规性风险识别中的作用

(一)实时风险监控

在智能审计的背景下,实时风险监控成为了合规性管理的重要手段。借助大数据和人工智能技术,智能审计系统能够持续不断地收集和分析海量业务数据,对潜在的合规风险进行实时识别和预警。这种动态、主动的风险监控模式,较之传统的事后审计和抽样检查,在风险防范的及时性和全面性方面具有明显优势。

实时风险监控的核心在于构建一套科学、高效的风险识别模型,这需要审计人员深入研究业务流程,全面梳理合规风险点,提炼关键风险指标,并基于机器学习算法优化识别模型。例如,在采购业务中,通过跟踪采购金额、供应商集中度、定价异常等指标,智能审计系统可以实时发现潜在的利益输送、商业贿赂等违规行为。在财务报销环节,系统能够实时监测报销金额、频次、时间等特征,及时预警虚假报销、重复报销等舞弊风险。借助实时风险监控,审计人员能够聚焦于真正异常和高风险的业务,

大幅提升审计效率和风险防控能力。

然而，实时风险监控的实施也面临着一系列挑战。首先，海量业务数据的采集和处理对企业的IT基础设施提出了较高要求。审计部门需要与IT部门密切合作，搭建数据采集接口，优化数据存储和计算架构，确保风险监控系统的高效运转。其次，风险识别模型的有效性依赖于高质量的训练数据和专业的模型调优。这要求审计团队具备大数据分析和机器学习的专业技能，持续优化模型参数，提升预警的准确性。最后，实时预警结果的解释和应对也考验着审计人员的专业判断力。面对系统发现的异常信号，审计人员需要深入分析原因，评估风险等级，制定恰当的处置措施。这既需要丰富的业务经验和专业洞见，也需要与业务部门密切沟通与协同。

（二）风险预警机制

在复杂动态的商业环境中，企业面临的风险日益多样化和不确定性，传统的事后风险管理模式已难以有效应对。因此，建立实时、动态、智能化的风险预警机制，成为现代企业风险管理的重要发展方向。智能审计技术为构建高效的风险预警机制提供了新的思路和方法。

智能审计驱动下的风险预警机制，其核心是利用大数据分析、机器学习等先进技术，对企业内外部海量数据进行实时采集、处理和分析，及时发现潜在的风险信号并预警。相比传统的风险管理，这种机制具有全面性、敏捷性和前瞻性的优势。首先，智能审计可以全面采集和分析企业财务数据、业务数据、外部市场数据等各类数据，实现对风险的全方位感知和评估。其次，智能算法能够快速处理海量数据，以近乎实时的速度捕捉风险信号的变化，使风险预警更加敏捷灵活。再者，机器学习算法可以从历史数据中总结风险特征和规律，对未来风险的发生进行前瞻性预判，使风险防控更加主动。

构建基于智能审计的风险预警机制,需要从风险识别、风险评估、预警、响应等环节入手。在风险识别阶段,要充分利用智能审计技术,建立全面的风险数据采集机制,涵盖财务数据、业务数据、外部数据等各个维度。在此基础上,运用数据挖掘、关联分析等方法,全面分析和刻画企业面临的各类风险。风险评估是预警的关键,需要根据风险的发生概率和影响程度设计科学的评估模型,并结合行业特点和企业实际,设置合理的预警阈值。当风险评估结果突破阈值时,系统自动触发预警并推送至相关责任人。同时,还要建立风险预警的响应机制,明确各风险事件的处置流程和应急预案,确保一旦风险发生能快速反应和处置。

以智能合规风险监控系统为例,该系统通过持续监测企业的业务和财务数据,运用机器学习算法建立合规风险模型,自动识别潜在的合规风险事件。一旦发现异常交易或不合规行为,系统立即预警并通知相关人员进行核查。管理人员可通过系统实时查看风险预警信息,并根据风险等级采取相应的控制措施。该系统大大提高了合规风险管理的效率和精准度,降低了人工排查的成本。类似地,智能预警机制还可应用到财务风险、舞弊风险、信息安全风险等领域,形成全面风险管理。

第二节　智能审计在内部审计中的应用

一、内部审计的对象

(一)业务流程审计

业务流程审计是内部审计的重点领域之一,旨在评估和改进组织内部的业务流程,以提高运营效率、降低风险。随着大数据和人工智能技术的快速发展，智能审计为业务流程审计注入了新的活力，为其实现方法和应用场景带来了革命性的变革。

智能审计在业务流程审计中的应用，主要体现在三个方面：一是利用机器学习算法，对业务流程中的海量数据进行自动分类和聚类，快速识别异常模式和潜在风险；二是运用自然语言处理技术，智能解析业务合同、发票等非结构化文本数据，提取关键信息，发现合规性问题；三是基于知识图谱和专家系统，构建业务规则和风险模型库，实现业务流程的智能风险评估和预警。

以采购业务流程审计为例，智能审计可以通过对采购订单、合同、发票等数据的智能分析，自动识别出供应商信息不一致、采购价格异常波动、付款金额与合同不符等风险点，并及时预警。同时，还可以利用机器学习算法，从历史采购数据中挖掘出潜在的舞弊行为模式，如供应商串通、内外勾结等，为内部审计人员提供有价值的线索。

在销售业务流程审计中，智能审计可以通过对销售订单、发货单、发票等数据的智能比对分析，及时发现销售回款不及时、赊销超期、收入确认不当等问题，提高销售业务的合规性和风险管理水平。此外，还可以利用自然语言处理技术，对客户投诉、销售人员邮件等非结构化数据进行情感分析，了解客户满意度和销售人员行为，为销售策略优化提供参考。

智能审计在业务流程审计中的应用，不仅提高了审计效率和覆盖面，而且通过从数据中挖掘洞见，为业务流程优化和风险防控提供了新思路。但是，智能审计的实施也面临着数据质量、算法选择、人才培养等诸多挑战。内部审计部门需要加强与业务部门和 IT 部门的协同，建立数据治理和共享机制，不断优化智能审计模型，同时加强内审人员的数字化技能培训，真正实现智能审计与业务流程审计的深度融合，赋能组织业务流程变革。

(二)财务数据审计

财务数据审计是内部审计的重要内容之一,其目的在于通过分析企业财务报表数据,评估企业财务状况、经营成果和现金流量等信息的真实性、合规性和公允性。在大数据时代,传统的财务数据审计方法已难以满足企业内部控制和风险管理的需求。智能审计技术的出现为财务数据审计注入了新的活力,为提升内部审计质量和效率提供了有力支撑。

智能审计技术在财务数据审计中的应用主要体现在以下几个方面:首先,智能审计技术可以实现海量财务数据的自动采集和预处理。传统的财务数据审计通常依赖人工采集数据,效率低下且易出错。而智能审计系统可以与企业财务系统无缝对接,自动提取相关数据,并进行标准化、结构化处理,为后续分析奠定基础。这不仅大大提高了数据采集效率,也降低了人为错误风险。

其次,智能审计技术可以利用机器学习算法,对财务数据进行智能分析和异常检测。传统的财务数据分析主要依靠审计人员的经验和判断,难以发现隐藏较深的问题。智能审计系统则可以通过构建异常检测模型,自动识别财务数据中的异常模式和违规行为,如虚假交易、重复记账、舞弊等。同时,智能算法还能够揭示财务数据背后的关联关系和趋势特征,为审计人员提供更全面、更深入的分析视角。

再次,智能审计技术可以辅助审计人员开展实质性测试。在传统审计中,实质性测试常常是最耗时耗力的环节。智能审计系统可以自动生成测试样本,并利用机器人流程自动化(RPA)技术执行测试程序,大幅提升测试效率。此外,智能审计系统还可以持续监控财务数据,一旦发现异常情况即时预警,实现审计全过程、全方位管理。

最后,智能审计技术有助于优化审计流程,提升审计管理水平。智能审计系统可以将审计师从繁琐的数据处理和低值重复工作中解放出来,使其将更多精力投入到审计策划、风险评估等高价值领域。同时，智能审计系统可以为审计项目提供统一规范的流程模板和工作底稿，提高审计过程的标准化水平。审计管理者还可以通过系统实时掌控各项目进度和质量，科学调配审计资源。

二、内部审计的方法

（一）控制测试法

在内部审计工作中，控制测试法是一种常用且行之有效的方法。它通过系统地测试被审计单位的内部控制制度设计和运行的有效性，评估内部控制的可靠程度，从而为内部审计提供合理保证。控制测试法不仅能够及时发现内部控制中存在的缺陷和漏洞，更能推动被审计单位完善内控机制，提高风险管理水平。

控制测试法的实施需要遵循严谨的程序和规范。首先，审计人员需要全面了解被审计单位的业务流程、组织架构和管理制度，识别出关键的控制点。这一环节对于后续测试的有效性至关重要。其次，审计人员需要设计科学、合理的测试方案，明确测试目标、测试内容、测试方法和评价标准。测试方案应当具有针对性和可操作性，能够有效检验内部控制的设计和执行情况。再次，审计人员需要采用适当的测试技术，如观察、询问、检查、重新执行等，全面收集控制测试的证据。测试过程中应当保持客观、独立的态度，如实记录测试结果。最后，审计人员需要评价控制测试结果，判断内部控制是否存在设计缺陷或执行偏差，并提出改进建议。

控制测试法在实践中具有广泛的应用价值。通过控制测试，内部审计能够及时发现业务流程中的风险点，揭示内部控制存在的问题，为风险评估和审计意见提供依据。同时，控制测试的结果也能为被审计单位完善内部控制提供参考和指引,推动其加强风险防范意识,健全风险管理机制。此外,控制测试还能够评估内部控制执行的有效性,督促被审计单位严格遵循内控制度,提高内控的执行力和约束力。

(二)实质性测试法

实质性测试法是内部审计中一种重要的审计方法,旨在通过对交易或账户余额的实质性测试,获取充分、适当的审计证据,以评估财务报表是否不存在重大错报。与风险评估法和控制测试法相比,实质性测试法更加直接地关注财务数据本身,通过抽样检查、分析性复核等手段,深入验证会计记录和财务报表的准确性、完整性和合规性。

在大数据时代,海量数据为实质性测试法带来了新的机遇和挑战。一方面,审计人员可以利用计算机辅助审计技术(CAAT)处理和分析大规模数据,极大地提高了审计效率和覆盖范围。例如,审计人员可以使用数据分析软件对全部交易数据进行扫描,快速识别异常和可疑项目,然后有针对性地开展深入测试。再如,审计人员可以利用机器学习算法建立预测模型,根据历史数据和行业基准,评估财务报表的合理性。这些技术手段有助于审计人员全面把握被审计单位的财务状况,及时发现潜在风险。

另一方面,大数据环境下实质性测试法也面临着新的挑战。海量数据的复杂性和多样性对审计人员的专业能力提出了更高要求。审计人员不仅需要扎实的会计、审计知识,还需要掌握数据分析、数据挖掘等技术技能,能够熟练运用审计软件和数据分析工具。同时,大数据的非结构化特征和高速更新也对审计证据的获取和评价带来了困难。审计人员需要探索新的测试路径和评价标准,确保审计结论的可靠性。

针对这些机遇和挑战,内部审计部门应积极创新实质性测试方法,将大数据技术与传统审计程序相结合,提升审计监督的有效性。一是加强审计人员的大数据素养培养，通过培训、轮岗等方式，提升审计团队运用大数据开展审计的能力。二是优化审计流程和方法，将数据分析嵌入审计全过程，实现风险评估、控制测试、实质性测试的无缝衔接。三是丰富审计测试路径，综合运用数据采集、数据探索、统计分析、可视化呈现等技术手段，多维度验证财务信息的真实性、准确性。四是完善内外部数据协同机制，促进内部业务系统数据与外部第三方数据的共享和交换，拓宽审计证据来源。

三、智能审计在内部审计异常交易与行为检测中的应用

（一）异常交易识别

面对海量的业务数据和复杂多变的经济环境，传统的内部审计方法已难以胜任。智能审计技术凭借其强大的数据处理和分析能力，为异常交易的识别提供了新的思路和方法。

异常交易通常表现为与正常业务模式存在明显偏差，具有不合理、不合规的特征。这些交易往往隐藏在浩如烟海的数据中，人工排查难度大、效率低。而智能审计技术可以通过机器学习算法，在海量数据中快速发现异常交易的蛛丝马迹。通过设定合理的异常指标体系，智能审计系统能够全面识别出各类可疑交易，如金额异常、频率异常、对手方异常等。这为后续的核查、调查工作提供了精准、高效的线索。

智能审计技术还可以通过深度学习算法，在异常交易识别的基础上进行交易模式分析。系统通过学习正常交易的模式特征，构建起交易行为的基准模型。一旦发现某些交易偏离了这一模型，即可判定其为异常并预警。这种基于行为模式的异常识别方法，可以发现传统规则难以覆盖的新型违规行为，大大拓宽了内部审计的视野。

同时,区块链、电子发票等新兴技术的应用,也为智能化异常交易识别创造了条件。区块链以其不可篡改、可追溯的特性,保证了交易数据的真实性和完整性,降低了数据造假的风险。电子发票则有利于实现交易数据的标准化和结构化,提高了数据分析的效率和准确性。新技术与智能审计的深度融合,将异常交易识别能力提升到了一个新的高度。

(二)行为模式分析

智能审计在内部审计异常交易和行为检测中的应用,是实现审计工作现代化转型的重要途径。在大数据时代,传统的抽样审计方法已难以应对海量复杂的业务数据,智能技术的引入为异常交易和行为的精准识别提供了新的可能。

机器学习算法可以通过对历史数据的训练,建立异常交易和行为的特征模型,实现对新发生交易的实时监测和预警。例如,运用聚类分析方法可以发现交易数据中的离群点,进而判断其是否为异常交易;运用关联规则挖掘可以发现不同交易之间的隐含关系,识别出潜在的舞弊风险。深度学习算法如卷积神经网络,则可以通过对交易流程的端到端建模,自动提取异常特征,大幅提升识别的准确率。

异常交易和行为的识别往往需要结合业务场景和专业知识,因此智能审计系统的建设需要审计、业务、IT 等多部门通力合作,将专业审计经验与数据分析方法相融合。审计人员需要明确异常交易和行为的判断标准,设计合理的特征工程和样本标注,引导算法的训练方向。同时,智能系统的应用也对审计人员提出了更高要求,需要其具备数据分析和技术运用的复合型技能。

异常模式的分析是智能审计的进一步应用,基于识别出的异常交易数据,审计人员可以深入探究其内在联系和成因机理,揭示隐藏在数据背后的违规违纪行为。例如,对于识别出的异常采购交易,审计人员可以分析其货品类型、交易对象、交易时间、交易金额等多维度特征,判断是否存在关联方交易、虚假采购等违规行为。异常行为模式分析有助于从源头上规避风险,优化内控流程。

四、智能审计在内部风险导向审计中的应用

(一)风险识别与评估

传统的内部审计重在事后查错,而风险导向审计则强调事前预防,主动识别和评估组织面临的重大风险,从而实现审计资源的优化配置。在大数据和人工智能技术的赋能下,智能审计为风险识别与评估提供了更加先进、高效的技术手段和方法论。

智能审计可以利用机器学习算法,从海量的结构化和非结构化数据中自动识别潜在的风险因素,并进行实时监控和预警。相比人工排查,智能审计能够处理更大规模的数据,捕捉到更隐蔽的风险信号,大大提高风险识别的广度和精准度。以舞弊风险为例,智能审计可以通过分析员工行为模式、业务异常波动等数据,及时发现可疑的舞弊迹象,为后续调查提供线索。

在风险评估方面,智能审计可以借助知识图谱、专家系统等技术,全面梳理组织的业务流程和内控体系,系统评估各种风险事件的发生可能性和影响程度。通过多维度交叉分析风险点之间的关联,智能审计能够刻画出组织风险全景图,找出风险防控的薄弱环节。这为审计项目的立项和实施提供了科学依据,有助于聚焦重点领域、优化资源投入。

(二)风险应对策略

面对日益复杂多变的内部控制环境,单靠传统的风险应对方式已难

以为继。智能审计技术的出现为内部审计工作带来了新的活力与生机,其在风险应对方面的优势尤为突出。智能审计能够基于海量的业务数据和交易信息,通过机器学习算法和深度神经网络,快速识别潜在的风险点,预测可能出现的风险事件,为内部审计人员提供更加全面、准确的决策支持。

在风险应对策略的制定上,智能审计大有可为。基于全面的风险评估结果,智能审计系统可以自动生成针对性的应对方案,并通过仿真模拟技术对不同方案的可行性和有效性进行验证,帮助内部审计人员优化风险应对策略。此外,智能审计还能够实时监控应对措施的执行情况,对偏离预期的行为进行预警提示,确保风险应对策略落到实处。

构建风险预警机制是智能审计应对风险的另一利器,通过机器学习算法,智能审计可以从海量数据中自动提取特征,构建风险预警模型。一旦发现异常交易或行为,系统就会自动触发预警,提示内部审计人员及时采取行动。相比传统的事后检查,这种实时预警机制可以将风险消灭在萌芽状态,大大降低了风险损失的可能性。

智能审计技术还为内部控制体系的优化提供了新思路,通过对内部控制的设计和执行情况进行智能分析,系统可以精准定位内控薄弱环节,提出有针对性的改进建议。比如,智能审计可以分析业务流程的合理性和效率,识别其中的冗余步骤和控制缺陷,为流程再造提供决策支持。又如,智能审计可以评估不同控制活动的成本效益,帮助管理层优化资源配置,构建更加精简高效的内控体系。

(三)风险管理系统集成

随着企业经营环境的日益复杂和风险因素的不断增加,传统的风险管理模式已经难以满足现代组织的需求。内部审计作为企业风险管理的重要组成部分,亟需引入先进的技术手段,提升风险识别、评估和应对的能力。智能审计技术的出现，为内部审计部门实现风险管理系统的无缝集成提供了可能。

智能审计驱动下的风险管理系统集成，既是技术创新，也是理念革新。从技术层面来看，大数据分析、机器学习等智能技术的应用，使得海量的结构化和非结构化数据得以高效处理，并从中挖掘出有价值的风险信息。通过对业务流程、财务数据、内外部环境等多维度数据的综合分析，智能审计系统能够全面识别企业面临的各类风险，并据此形成动态、实时的风险画像。这为内部审计人员提供了更加精准、及时的决策支持，大大提升了风险评估的针对性和有效性。

在风险应对方面，智能审计与风险管理系统的集成优势更加凸显。基于机器学习算法，智能审计系统可以持续监测业务运营数据，及时发现异常情况和潜在风险。一旦识别出风险信号，系统可以自动触发预警，并根据风险等级采取相应的控制措施，如调整业务流程、优化资源配置等。这种实时、动态的风险应对机制，使得内部审计部门能够更加主动、高效地管理风险，避免了事后补救的被动局面。与此同时，风险管理系统集成后的智能审计，还能够为风险决策提供量化分析和情景模拟，帮助管理层权衡风险与收益，做出最优的风险应对策略。

从理念层面来看，智能审计驱动的风险管理系统集成，是内部审计角色转型的必然要求。在大数据时代，内部审计已经不再局限于事后检查和问责，而是日益成为企业风险管理和价值创造的重要参与者。通过与风险管理系统的融合，内部审计能够更加深入地参与到风险治理的全过程，并利用智能技术赋能业务部门，帮助其提升风险管理水平。这种角色转变不仅提升了内部审计的组织地位，也为审计人员提供了施展才能、创造价值的广阔空间。

第三节　智能审计在外部审计中的应用

一、外部审计的职责

(一)审计独立性

审计独立性是外部审计质量的核心基石,也是智能审计在外部审计实践中正确定位和发挥作用的关键前提。没有审计独立性作为基础,智能审计技术再先进,也难以真正提升外部审计的公信力和价值。因此,在智能审计时代,审计独立性的重要性不仅没有降低,反而更加凸显。

从本质上讲,审计独立性意味着注册会计师在执行审计业务时,能够保持独立、客观、公正的立场,不受任何不当因素的干扰和影响。这种独立性不仅体现在组织形式上,更体现在实质内容上。组织形式上的独立要求会计师事务所与被审计单位在人员、业务、财务等方面相互独立,避免利益冲突。而实质内容上的独立则要求注册会计师在执行审计程序、获取审计证据、作出审计判断时,始终秉持独立、客观、公正的职业态度,不受任何外部压力和内在偏见的影响。

智能审计的引入,为外部审计注入了新的技术动能,但同时也带来了新的独立性风险。一方面,智能审计系统的开发、维护和运行,往往需要会计师事务所与第三方 IT 企业开展深度合作,这种合作关系可能影响审计的独立性。另一方面,智能审计算法的选择、参数的设置以及结果的解读,都蕴含着一定的主观判断,如果注册会计师过度依赖智能审计系统,而忽视了独立、审慎、专业的分析和判断,就可能损害审计质量。

面对这些风险和挑战，会计师事务所应该建立健全相关制度，加强内控管理，确保智能审计在独立、客观、公正的基础上开展。具体而言，会计师事务所应该建立独立于被审计单位的智能审计团队，明确规定智能审计系统开发、维护、运行等环节的质量控制要求，加强对注册会计师运用智能审计技术的监督和指导，确保其独立、审慎、专业地履行审计职责。同时，注册会计师也应该加强学习，提升运用智能审计技术的能力，在掌握先进技术的同时，坚守独立、客观、公正的职业操守。

（二）审计透明度

审计透明度是外部审计的重要组成部分，它对于维护审计的公信力、提升利益相关者对审计的信任度具有重要意义。随着社会经济的快速发展和公众对企业信息披露要求的不断提高，审计透明度面临着新的挑战和机遇。智能审计的兴起为提升审计透明度提供了新的路径和方法。

从审计对象的角度来看，智能审计技术有助于提高财务报表、内部控制、合规性和经营活动等审计领域的透明度。通过大数据分析、机器学习等技术手段，智能审计能够全面、深入地分析被审计单位的财务数据和业务数据，发现潜在的风险和问题，揭示隐藏的信息，从而增强审计的透明度。例如，智能审计可以利用自然语言处理技术分析企业的合同、邮件等非结构化数据，发现可能存在的舞弊行为或内部控制缺陷，为利益相关者提供更加全面、真实的信息。

从审计过程的角度来看，智能审计技术能够提高审计工作的透明度。传统的审计模式中，审计工作往往局限于抽样检查和现场访谈，很多审计程序和结果难以被外部利益相关者所了解和监督。而智能审计技术的应用，使得审计过程变得更加透明和可视化。例如，智能审计平台能够实时记录审计人员的工作轨迹，展示审计程序的执行情况，供相关方查询和监督。同时,智能审计技术还能够自动生成审计报告,将审计发现以清晰、易懂的方式呈现给利益相关者,提高审计信息的可读性和透明度。

从审计主体的角度来看,智能审计技术有利于增强注册会计师的独立性和客观性,进而提升审计透明度。在传统审计模式下,注册会计师的专业判断可能受到主观因素的影响,审计结论的形成过程不够透明。而智能审计技术的运用,能够减少人为干预,提高审计证据的客观性和可靠性。例如,智能审计系统可以根据预设的审计规则和算法,自动识别异常交易和风险信号,生成审计线索,供注册会计师进一步核查。这种智能化的辅助不仅提高了审计效率,也增强了审计过程的独立性和透明度。

二、外部审计的对象

(一)财务报表

财务报表作为企业财务状况和经营成果的重要体现,是外部审计的核心对象。它的真实性、完整性和合规性直接关系到审计质量和审计结论的可靠性。在大数据和人工智能时代,智能审计技术为财务报表审计带来了革命性变革。

传统的财务报表审计主要依赖人工抽样和查验,存在着效率低、风险高、主观性强等问题。而智能审计技术利用机器学习算法和自然语言处理技术,可以快速、全面地分析海量的财务数据,识别潜在的异常和风险点,大大提升了审计效率和精准度。例如,智能审计系统可以自动提取和比对发票、合同等原始凭证与账务处理的一致性,发现可疑的舞弊线索;可以综合分析企业的资金流、业务流和单据流,揭示财务数据背后的业务逻辑和内在联系;还可以利用知识图谱技术,构建企业的业务模型和风险模型，预测财务风险事件的发生概率和影响程度。

智能审计技术不仅改变了财务报表审计的方式方法，也对审计人员的能力结构提出了新的要求。审计人员不仅要掌握传统的会计、审计专业知识，还需要具备数据分析、IT技术等复合型技能。同时，审计人员要树立数据思维和创新意识，善于运用智能审计工具优化审计流程、创新审计方法。这就要求会计师事务所加大智能审计人才的培养力度，构建适应智能审计发展需求的人才梯队。

此外，智能审计技术的应用也对审计标准和规范提出了新的挑战。传统的审计准则和指引主要针对人工审计，在智能审计时代难以完全适用。因此，审计行业组织和监管部门需要与时俱进，制定和完善智能审计标准体系，规范智能审计系统的建设、数据的采集与处理、算法模型的应用等，保障智能审计质量。同时，要加强对智能审计技术应用的监管，防范算法偏见、数据失真等技术风险，切实维护资本市场秩序和投资者利益。

(二)经营活动

外部审计的经营活动审核是一项复杂而系统的工作，涉及企业生产经营的方方面面。随着现代企业经营规模的不断扩大，业务流程的日益复杂，传统的经营活动审核模式已难以适应新形势下的审计需求。智能审计技术的引入为外部审计的经营活动审核开辟了崭新的途径，有望从根本上提升审计的质量和效率。

智能审计技术在经营活动审核中的应用主要体现在大数据分析、过程挖掘、异常检测等方面。通过采集和整合企业生产、采购、销售、物流等环节的海量数据，利用机器学习算法对数据进行智能化分析，智能审计系统能够全面洞察企业经营状况，及时发现潜在风险和问题。

以采购与付款循环为例，传统的审核方式依赖于抽样调查和人工核对,难以全面覆盖所有业务数据,往往存在遗漏和错报风险。而智能审计系统可以通过设定规则,自动筛选出采购金额异常、供应商信息不一致、付款账期延迟等异常情况,并结合历史数据进行趋势分析和横向比对,从而实现全样本、全方位的审核监控。这不仅提高了审核的准确性和完整性,也极大地节省了审计人员的时间和精力。

在存货管理环节,智能审计技术同样大有可为。传统的存货盘点多采用抽盘方式,难以及时发现存货的遗失、毁损等问题。智能审计系统可以利用RFID、二维码等物联网技术,实时跟踪和记录存货的入库、出库、移动等全流程信息,并与财务数据进行实时核对。一旦发现存货异常,系统可以立即预警,帮助管理层及时采取应对措施。此外,智能审计还可以运用经济订货批量、库存周转率等模型,对存货管理的效率和效果进行量化评估,为优化存货政策提供决策支持。

在成本与费用管理方面,智能审计技术也能发挥独特优势。成本费用是影响企业经营业绩的关键因素,但传统审核往往只关注表面数据,难以深入分析成本构成和归集的合理性。智能审计系统可以运用作业成本法、标准成本法等先进的管理会计工具,从产品、业务流程、责任中心等多维度解析成本费用的归集和分配,识别出效率低下、不合理开支等问题,并给出优化建议。这不仅有利于提高成本管控水平,也为绩效考核、预算管理等管理活动提供了有力支撑。

三、智能审计在外部审计资料自动化收集与验证中的应用

(一)数据收集自动化工具

在智能审计时代,数据收集自动化工具的应用已成为外部审计工作的重要内容。传统的审计数据收集方式主要依赖人工操作,存在效率低、准确

性差、时效性不足等问题。而数据收集自动化工具能够快速、准确、全面地获取被审计单位的财务和业务数据，大大提升了外部审计的质量和效率。

数据收集自动化工具主要包括RPA（机器人流程自动化）、ETL（数据抽取、转换、加载）、网络爬虫等技术。其中，RPA能够模拟人工操作，自动登录系统、提取数据、整理格式，将分散在不同系统中的数据快速集中到审计数据库中。ETL则专注于数据的抽取、清洗、转换和加载，保证数据的一致性和可靠性。网络爬虫技术可以从网页中抓取相关数据，补充完善审计数据库。这些工具的综合运用，使得海量数据的采集、处理和分析成为可能。

数据收集自动化工具在外部审计中的应用，极大地拓展了审计范围，提高了审计效率。审计人员不再受制于被审计单位提供的有限资料，而是可以全面获取其财务、业务、管理等各方面的数据。自动化工具能够在短时间内完成大量的数据采集任务，使得审计人员有更多时间进行数据分析、专业判断和问题揭示。同时，自动化的数据收集方式也降低了人为错误和舞弊风险，保证了审计证据的客观性和可靠性。

数据收集自动化工具在外部审计中的应用，也促进了外部审计模式的转变。在大数据时代，传统的抽样审计已难以满足审计全面性和审计风险控制的要求。而自动化工具支持海量数据的采集和分析，使得全量数据审计成为可能。审计人员可以利用自动化工具对全部数据进行筛查和分析，及时发现异常交易和舞弊线索，实现审计全覆盖。这种审计模式不仅提高了问题发现的几率，也加强了审计的威慑作用，推动了被审计单位内部控制的完善。

（二）数据验证算法

在智能审计中，数据验证算法发挥着至关重要的作用。这些算法通过对审计数据进行自动化、系统化的分析和验证，有效地提高了审计工作的效率和准确性,为审计人员提供了可靠的数据支撑。

具体而言,数据验证算法主要包括完整性验证、一致性验证、合理性验证等多个方面。完整性验证旨在确保审计数据的完整性,即数据是否存在遗漏、重复或错误。通过使用哈希算法、校验和等技术,可以快速发现数据传输或存储过程中的错误,保证数据的完整性。一致性验证则着眼于检查不同数据源之间的数据是否一致。在审计过程中,往往需要对比不同系统或部门的数据,如财务数据与业务数据的对比。数据验证算法可以自动识别数据间的差异,定位不一致的根源,为审计人员提供有针对性的分析线索。合理性验证则侧重于判断数据是否符合特定的业务规则或逻辑关系。例如,采购金额是否与采购数量相匹配,销售收入与应收账款是否协调等。智能算法可以根据预设的规则快速筛选出异常数据,供审计人员进一步核查。

除了上述基本功能外,数据验证算法在智能审计中还有更深层次的应用。一方面,验证算法可以与机器学习、数据挖掘等技术相结合,从海量数据中发现隐藏的模式和关联,揭示潜在的风险点和舞弊线索。例如,通过对员工的行为数据、邮件记录等进行分析,可以发现内部控制薄弱或者存在违规操作的风险。另一方面,验证算法还可以应用于持续审计领域。传统审计多为事后审计,只能发现已经发生的问题。而利用实时数据采集和验证技术,可以实现审计工作的持续化、动态化,对异常情况进行及时预警和处置,真正实现审计工作从“事后”向“事前”、“事中”的转变。

四、智能审计在远程审计与协作平台中的应用

(一)远程审计工具

远程审计工具的发展和应用为智能审计注入了新的活力,极大地拓

展了外部审计的时空边界。传统的外部审计通常依赖现场勘查、面对面沟通等方式开展工作，受到地理位置、时间安排等因素的限制。而远程审计工具利用互联网技术，打破了时空障碍，使得审计人员能够跨越地域界限，实现异地协同作业。

远程审计工具具有多样化的功能，可以满足外部审计各环节的需求。在审前阶段，审计人员可以通过远程审计工具获取被审计单位的基本信息，了解其经营状况和财务数据，为制定审计计划提供依据。在审计执行阶段，审计人员可以运用远程审计工具采集和传输审计证据，对被审计单位的财务报表、内部控制等进行测试和评价。远程审计工具还能够自动生成审计工作底稿，记录审计过程，提高审计效率和规范性。在审后阶段，审计人员可以利用远程审计工具与被审计单位进行沟通，跟进整改情况，出具审计报告。

远程审计工具的应用极大地提升了外部审计的灵活性和适应性。面对突发事件或特殊情况，审计人员无需受到场地限制，可以随时开展审计工作。同时，远程审计工具还能够促进审计资源的优化配置，打破地域界限，实现跨区域的人才共享和专业协作。这不仅提高了审计效率，也有利于保证审计质量。

远程审计工具还为外部审计注入了智能化元素，一些先进的远程审计工具集成了大数据分析、机器学习等技术，能够智能识别异常交易，揭示潜在风险，辅助审计人员做出专业判断。这种智能化的审计方式能够弥补人工审计的局限性，提高审计的全面性和准确性。

(二)协作平台功能

在智能审计时代，协作平台作为一个重要的工具，在外部审计中发挥着越来越关键的作用。协作平台能够有效整合不同专业、不同地域的审计资源,实现审计过程的无缝衔接和信息共享,大大提升了外部审计的效率和质量。

首先,协作平台能够打破审计团队成员之间的地域限制,实现远程协同工作。传统的外部审计通常需要审计团队成员聚集在一起,共同完成审计任务。这种工作模式不仅效率低下,而且容易受到时间和空间的约束。而协作平台则能够让不同地区的审计人员通过网络实现实时沟通和数据共享,突破了地理位置的限制。审计团队成员可以利用协作平台随时随地开展工作,灵活调配人力资源,从而大大提高审计效率。

其次,协作平台有助于实现不同专业领域审计资源的整合。现代审计业务越来越复杂,涉及财务、税务、IT等多个专业领域。单一专业的审计人员已经难以胜任全部审计工作,必须与其他领域的专家协同配合。协作平台为不同专业的审计人员提供了一个共享信息、交流思想的平台。通过协作平台,财务审计师可以与IT审计师共享数据分析结果,税务专家可以与财务专家探讨税收筹划方案,不同领域的专业知识和经验能够得到充分融合,形成合力,从而全面提升审计工作的专业性和准确性。

再次,协作平台能够促进审计过程的标准化和规范化。外部审计涉及大量的流程和文档,如审计计划、审计工作底稿、审计报告等。如果这些流程和文档缺乏统一的标准和规范,就会影响审计工作的一致性和可比性。协作平台能够为审计团队提供标准化的工作模板和流程指引,确保审计过程的规范性。同时,协作平台还能够自动记录审计过程中的关键节点和数据,形成完整的审计轨迹,为事后的质量复核和问责提供依据。通过协作平台,审计工作能够实现全流程的标准化管理,减少人为错误和风险。

最后,协作平台为审计数据的安全性提供了保障。外部审计通常需要处理被审计单位的敏感财务信息和商业机密,对数据安全和隐私保护提出了很高要求。协作平台采用先进的加密技术和访问控制机制，确保审计数据在传输和存储过程中的安全性。只有经过授权的审计人员才能访问相关数据，防止数据泄露和非法篡改。同时，协作平台还能够提供数据备份和灾难恢复功能，最大限度地降低数据丢失的风险。

（三）实时数据共享

在实际应用中，远程审计与协作平台发挥着数据共享枢纽的关键作用。一方面，它连通了被审计单位与审计机构，实现了数据的无缝对接和实时传输。被审计单位只需按照规范化的接口标准，将相关数据上传至平台，审计机构即可实时调用，无需耗费大量时间和人力开展现场询问和资料收集。另一方面，平台还搭建起审计团队内部的数据共享通道。团队成员可以随时调阅彼此的工作底稿，追踪审计进度，并通过在线讨论等方式，及时消除疑点，统一审计口径。团队负责人也能够实时掌控整体工作进度和质量状况，为项目管理决策提供数据支撑。

远程审计与协作平台带来的实时数据共享，不仅提升了外部审计的质量和效率，更推动了审计流程的再造和优化。传统审计中，受制于技术手段和沟通渠道的限制，审计人员往往需要通过邮件、电话等低效的方式来获取和传递信息，审计过程断断续续，容易出现遗漏和误解。而在远程审计模式下，审计数据可以实现端到端的无缝对接，形成一体化的数据流和业务流，从而最大限度地减少了沟通成本和时间成本。审计团队能够以数据为驱动，围绕审计目标，灵活调配资源，持续开展跟踪复核，及时发现和应对风险隐患。可以说，实时数据共享能力的提升，让外部审计从被动应对向主动预防转变，审计成果的深度和广度得到延伸。

实现高质量的实时数据共享离不开一系列支撑条件的完善。首先，数据标准的统一至关重要。由于不同企业的信息系统、财务核算的差异性,必须按照统一的数据规范进行梳理、提取和加工,才能确保数据的规范性、完整性和可比性。其次,数据安全和隐私保护也须高度重视。远程审计与协作平台虽然带来了诸多便利,但也面临网络安全、数据泄露等风险。平台应当严格遵循相关法律法规,完善身份认证、访问控制、数据加密、日志审计等安全机制,最大限度保障用户数据安全。再次,审计人员的数字化素养也亟需提升。实时数据共享对审计人员的专业技能、职业判断、灵活应变能力提出了更高要求。审计机构应加强队伍建设,强化员工培训,提升数字化审计能力。

参考文献

[1]万依云，李恒，刘丹. 区块链技术与现代审计耦合研究[M]. 长春：东北师范大学出版社，2022.

[2]王雁滨，苏巧，陈晓丽. 财务管理智能化与内部审计[M]. 汕头：汕头大学出版社，2021.

[3]崔海红，黄良杰. 审计学[M]. 上海：立信会计出版社，2024.

[4]方丽. 现代审计及其在大数据时代的发展研究[M]. 西安：西北工业大学出版社，2023.

[5]李华丽. 大数据背景下内部审计创新研究[M]. 北京：中国纺织出版社，2021.

[6]杜永红. 智能审计[M]. 重庆：重庆大学出版社，2023.

[7]侯玉荣. 智能财务报表分析[M]. 上海：立信会计出版社，2023.

[8]关娜，姚宇，杜文. 信息化时代下财务会计工作创新研究[M]. 哈尔滨：哈尔滨出版社，2023.

[9]陈伟. 智能审计[M]. 北京：机械工业出版社，2021.

[10]何定洲. 内部审计的理论与实践研究[M]. 汕头：汕头大学出版社，2023.

[11]邢风云，雷宇. 审计学基础[M]. 沈阳：东北财经大学出版社，2024.

[12]葛笑天. 财政审计方法体系[M]. 南京：江苏人民出版社，2022.

[13]崔君平，徐振华. 审计学[M]. 北京：北京理工大学出版社，2024.

[14]邓玉兰，田成. 审计基础[M]. 上海：立信会计出版社，2021.

[15]邓洪伟. 外部审计理论与实务[M]. 成都：电子科技大学出版社，2022.